U0563698

海南历史变迁
与文化交融

梁静华 ◎著

图书在版编目 (CIP) 数据

海南历史变迁与文化交融 / 梁静华著 . -- 北京 : 中国书籍出版社 , 2024. 11. -- ISBN 978-7-5241-0101-7

Ⅰ . K296.6

中国国家版本馆 CIP 数据核字第 2024RS3160 号

海南历史变迁与文化交融

梁静华　著

丛书策划　谭　鹏　武　斌
责任编辑　李　新
责任印制　孙马飞　马　芝
封面设计　守正文化
出版发行　中国书籍出版社
地　　址　北京市丰台区三路居路 97 号 (邮编：100073)
电　　话　（010）52257143（总编室）　（010）52257140（发行部）
电子邮箱　eo@chinabp.com.cn
经　　销　全国新华书店
印　　厂　三河市德贤弘印务有限公司
开　　本　710 毫米 ×1000 毫米　1/16
字　　数　182 千字
印　　张　11.5
版　　次　2025 年 5 月第 1 版
印　　次　2025 年 5 月第 1 次印刷
书　　号　ISBN 978-7-5241-0101-7
定　　价　86.00 元

目　录

第一章　海南史前文化概述

历史是人创造的，有人就有历史。经考古发现，史前时期，海南岛已显现人类活动的踪迹。

一、海南岛早期人类活动的地质背景

远古时期，海南岛与大陆连接，是大陆向南延伸的一部分，但随着地壳的不断变动，火山活动频繁，海南岛脱离大陆板块，成了一个孤悬海外的岛屿，这已经是被学者公认的说法。但是对于海南岛与大陆连接的具体位置则有不同的观点，现将不同观点整理如下。

第一种观点，中国科学院朱华等人认为，在始新世时，海南岛曾与越南和我国广西相连，后来发生了向东南的移动和旋转，最终到达现在的位置。科学家从海南岛现存的植物物种入手，通过对比与海南岛相邻的越南，以及广西、广东等地的植物区系，发现海南植物区系与越南植物区系的类似性最大，其次是广西植物区系。在所比较的植物区系中，海南和越南共有的区系有 110 个，海南与广东共有的植物区系仅 7 个，这种亲缘关系提供了两地曾经相连的有力证据。在海南植物区系中，仅有 7 个特有属和约 10% 的特有种，以非常低的特有性显示了它的大陆起源特征。从哺乳动物分布的角度来看，其生态区域的划分与植物区系有着相似的规律，海南与越南之间的动物分布关系尤为紧密，这进一步支持了两地历史上存在连接的可能性。此外，古植物学研究表明，在全新世时期，海南岛北部的气候和植物群与现在相比，存在亚热带特征。这意味着在某一历史时期，海南岛的气候条件与现今有所不同，这可能与它的地理位置变化有关。因此,科学家们推断,海南岛在始新世时期与越南和我国的广西相连,随后由于地质运动,向东南移动和旋转,并最终形成了我们今天所看到的海南岛。

第二种观点,梁光河博士的岛屿划分理论,即旋转漂移说。这一理论主张,在大约6500万年前,海南岛位于中国北部湾的顶部,与大陆紧密相连。随着时间的推移,海南岛开始与大陆分离,并经历了一系列复杂的旋转和漂移过程。梁光河博士通过长期研究,发掘了八大科学证据来支持这一理论,这些证据包括地形、山脉、地层、构造带、大型缺陷、岩石磁性分布、成矿带以及地球物理异常等。根据这些证据,梁光河博士得出结论,海南岛在6500万年前开始与中国北部湾分离,随后以顺时针方向旋转并向东南方向漂移,经过长时间的旋转和漂移,海南岛最终到达了现在的位置,相对于其原始位置大约逆时针旋转了150度。[①] 这一理论为我们提供了一个独特的视角来理解海南岛的形成和演化过程。梁光河博士的旋转漂移说为我们提供了一种可能的解释,值得我们进一步研究和探讨。

第三个观点是,刘昭蜀等专家认可的,他们认为海南岛原本与雷州半岛同属一陆地板块,由于地球内外营力长期综合作用,使海南岛北部陆架的琼州海峡处下陷、断开。现在的琼州海峡"处在雷琼断陷区南部断裂构造破碎带部位,两岸出露第三系砂页岩、第四系未固结的砂砾和黏土层,以及玄武岩。岸上为台地地形。推测末次冰期海平面下降时,它是一片常态侵蚀低地,全新世海侵时被海水淹没、冲蚀和拓大,成为海峡,使海南岛与华南大陆分离"[②]。

海南岛四周环海,中南部隆起,中部偏南地区为山地,由山地向外围下降,形成了山地、丘陵、台地、平原环形层状地貌。岛偏南部分属于热带地区,其他大部分属于亚热带地区,岛上有茂密的热带雨林,林中禽兽品种多样。岛上有蜿蜒的河流,水资源丰富,有利于农作物生产。海南岛周边环海,海中的鱼、贝种类繁多。海南岛的自然资源丰富、自然条件优越,为早期人类提供了丰富的食物和栖息地。

---

① 姚小兰、凌少军、任明迅:《海南岛和台湾岛植物多样性"反差现象"的形成机制研究》,《环境生态学》2019年第5期,第38-42页。

② 刘昭蜀等:《南海地质》,科学出版社,2002,第153页。

二、史前文化遗址与文物

海南的史前时期，大体上可分为旧石器时期和新石器时期。

（一）旧石器时期

根据现有的考古资料显示，昌化江，这条宛如绿色丝带般蜿蜒穿行的河流是海南古人类的发源地，尤其是流经海南省昌江黎族自治县的区域，早已成为古人类生活的重要舞台。

昌化江流经的昌江黎族自治县，位于海南岛的西部，东侧与朱碧江相邻，西侧则是昌化江汇入大海的地方，南部是雅加大岭的中部，其中以霸王岭为代表的高山峻岭高高矗立，中部则是盆地地形，平坦而富饶，北部则是冲积平原的沙丘海滨，江河溪流在此纵横交错。中南部地区是连绵不断的山脉。这些山脉间形成了众多的山间幽谷，为古人类提供了得天独厚的生存环境。在这些山间溪流的岸边，有大小不一的石灰洞穴。这些洞穴不仅数量众多，而且结构复杂，往往相互连接形成多个洞室。这样的自然结构为古人类提供了绝佳的庇护所。洞穴周边有着丰富的自然资源。河流中鱼虾众多，为古人类提供了丰富的渔猎资源；山间草木茂盛，果实累累，为古人类提供了充足的采集资源。同时，这些洞穴附近的水源充足，为古人类生活提供了不可或缺的生命之源。

据统计，仅昌江黎族自治县境内就已发现了近百处古人类遗址。这些遗址中出土了大量的石器、陶器等文物。这些发现为我们揭示了古人类在海南岛的生活状况和文化特征，也为我们提供了研究人类起源和发展的重要线索。

1. 信冲洞遗址和燕窝岭遗址

1995 年，昌江黎族自治县七叉镇保由村村民在信冲洞内发现动物骨骼。1998年,海南省文物保护管理办公室与昌江黎族自治县博物馆共同鉴定,确认该地点为动物化石点。经过专家对动物化石的观察,疑似一些动物化石上有类似人工敲砸的痕迹。2006年5月至6月间,再次对信冲洞化石地点进行了考古发掘,获得了剑齿虎、犀牛、银狗、鹿等种属的爬行动物和哺乳动物化石,其中部分属于已灭绝的物种,还有一枚牙齿类似巨猿。根据地层和动物化石的特征,初步确定化石地点的地质时代为中更新世,距今数十万年。这些动物是琼州海峡未出现时抵达这里的,也证明万年前海南岛与大陆相连。这也是首次在我国海南发现巨猿化石地点。新的发现对探讨我国巨猿的地史分布、演化和绝灭具有重要的意义。[①]尽管洞穴内发现的化石年代久远,但并未发现人类牙齿、骨骼及石器等直接表明人类活动的遗迹,但考古学家在化石表面发现类似人工敲砸的痕迹。

在对信冲洞化石地点周边地质和地貌进行考察时,中国科学院古脊椎动物与古人类研究所的李超荣教授等专家在南阳溪第二级阶地的黄色黏土中发现了燕窝岭石器地点。在燕窝岭的地表采集到有夹粗砂的红陶片,还采集到了少量的石制品。考古学家综合地质、地貌及石制品特征,初步判断这个遗址的地质时代为晚更新世,即旧石器时代晚期。[②]这一发现表明旧石器时代晚期,海南这块陆地上已有古人类活动。

2. 石头崖遗址

2007年12月,在相距仅数百米的混雅岭和燕窝岭旧石器地点周边,研究人员发现了石头崖的遗址。这一遗址坐落于昌化江支流南阳溪的右岸。在遗址中发掘出石制品十余件,其中包括石核、石片、砍砸器以及刮削器等工具。对该地点地质、地貌特征的详细分析,并结合石制品的考古特征,考古学家初步判断该遗址的考古年代属于旧石器时代晚期,其地质时代则对应于晚更新世。这处遗址被认定为古人类活动的临时场所,说明古人类在该地区的活动相当频繁。[③]

① 李钊、李超荣、王大新:《海南的旧石器考古》,董为主编:《第十一届古脊椎动物学术年会论文集》,海洋出版社,2008,第168页。

② 李钊、李超荣、王大新:《海南的旧石器考古》,董为主编:《第十一届古脊椎动物学术年会论文集》,海洋出版社,2008,第169页。

③ 李钊、李超荣、王大新:《海南的旧石器考古》,董为主编:《第十一届古脊椎动物学术年会论文集》,海洋出版社,2008,第169页。

3. 酸荔枝园遗址

2007年12月，经考古队详细调查，酸荔枝园遗址得以发现。此遗址坐落于昌江黎族自治县昌化江支流南阳溪右岸的第三级阶地。在工程施工的地层旁，考古队发现了一件以石英岩为原料制作的砍砸器。根据地质、地貌特征以及石制品的特征，初步判断该遗址的考古年代为旧石器时代中晚期，所属地质时代为晚更新世。该遗址作为古人类活动的临时场所，进一步印证了古人类在该地区有较长时间的活动历史。[①]

4. 叉河砖厂遗址

2007年12月，考古队于昌江黎族自治县昌化江右岸的第二级阶地发现了叉河砖厂遗址。该遗址临近叉河镇，研究人员在此地发现了约10件石制品，包括石核、石片及砍砸器等。基于地质地貌与石制品的综合分析，初步判断该遗址的考古年代为旧石器时代中期，地质时代为晚更新世初期。此遗址作为古人类活动的旷野场所，为昌化江流域古人类活动留下了珍贵的文化遗物。[②]

5. 落笔洞遗址

落笔洞遗址是旧石器向新石器过渡的石器遗址，位于三亚市荔枝沟镇良机坑坡落笔峰。

1992至1993年对遗址进行了发掘。落笔洞遗址出土了人类牙齿化石、动物化石、石制品、骨制品和角制品等文化遗物。

挖掘出的人类牙齿化石共有13枚，这些化石涵盖了门齿、犬齿、前臼齿和后臼齿等多个种类，分别来自老年、中年和青年等不同年龄段的个体。经过中国科学院古脊椎动物和古人类研究所顾玉珉专家的分析，这些牙齿在外观形态、内部构造及大小上与现代人呈现出高度的相似

---

① 李钊、李超荣、王大新：《海南的旧石器考古》，董为主编：《第十一届古脊椎动物学术年会论文集》，海洋出版社，2008，第169页。

② 李钊、李超荣、王大新：《海南的旧石器考古》，董为主编：《第十一届古脊椎动物学术年会论文集》，海洋出版社，2008，第169-170页。

性，因此鉴定为现代人牙齿类型，即智人的人牙。出土动物化石丰富。出土的无脊椎动物化石有螺、蛤、牡蛎等；出土的脊椎动物有鱼类、鸟类、哺乳类。其中共计45种哺乳动物化石，涵盖了鼠、豪猪、黑长臂猿、猕猴、豺、黑熊、灵猫、果子狸、华南虎、亚洲象、貘、赤鹿、野猪、小麂、水鹿、牛、羚羊等多种动物。[①]

石制品、骨制品和角制品均为当时居住于此的古人类所制作并使用的生产工具。其中，石制品的原料以砾石为主，大多通过单向加工打制而成，双向加工的比较少，个别制品有第二次加工的痕迹。这些石器的类型有：砍砸器、敲砸器、石锤、刮削器、穿孔石器以及石核、石片等。出土的骨制品大多由动物肢骨加工而成，有骨铲、骨锥、骨尖状器。角制品则由鹿角、麂角等材料加工制作而成，有角铲、角锥等多种器物类型。

除了上述的发现，在遗址中，还发现一处烧火堆积以及较宽的灰烬层，表明古人已经会使用火。

出土的器物主要为打制石器和粗糙的磨制器物，没看到磨光器物，由此推测此洞穴遗址的文化特征正处于旧石器时代末期到新石器时代早期的过渡阶段，时间大约在1万年以前。

从洞穴的遗物中可以推知，那时的古人主要从事渔猎、捕捞和采集的经济活动。在洞穴地层中发现大量的灰烬、炭屑、红烧土和烧骨、烧石，说明这个时期的古人类对火的使用也已是相当频繁了。大面积的古生物化石的发掘出现，也说明了当时人类的活动范围已经变得较为广阔了，无论是天上飞的还是海里游的，抑或是雨林中的瓜果猛兽都为古人类的食物。我们不难想象这样的画面，在茂密的雨林里，生活着成群的灵长类动物，山野间还奔跑着各种虎兽，天上飞的是各类鸟禽，它们无忌惮地号叫着，洋溢着原始的生命力。这群古人白天或在河边挖蛤捡螺，或拿着石头追击野兽，晚上居住在可以躲避大型野兽袭击的洞穴中。

此外，考古工作者将落笔洞遗址与岭南地区颇具代表性的洞穴遗存，如广东封开黄岩洞、阳春独石仔，以及广西柳州白莲洞进行比较，发现它们在文化内涵上展现出高度的相似性，这充分表明这些文化之间存在着紧密的文化联系，因此落笔洞遗址受到岭南地区北来文化影响的可

① 李钊、李超荣、王大新：《海南的旧石器考古》，董为主编：《第十一届古脊椎动物学术年会论文集》，海洋出版社，2008，第170页。

能性比较大。它们是岭南全新世早期砾石石器文化系统的重要组成部分。[①]于此推测一万年前落笔洞人是从外迁移而来,他们过着一种游牧的生活。这些发现也为我们研究海南岛与其他地区的关系提供了重要线索。

除了上述的遗址外。考古工作者发现从旧石器时期晚期向新石器时期早期过渡的文化遗存,昌江县的坎王岭、琼中县的米寮山洞等,这些洞穴中发现火烧的土粒、灰屑,以及动物的化石。这表明在旧石器晚期向新石器早期过渡阶段,已经有较多的古人活动在海南岛的海边、溪边、内地。

(二)新石器时期

新石器时期,海南岛上的人类活动足迹遍布四方,从考古发现的遗址可以看出,据周伟民教授统计,琼山市有 1 个遗址;三亚市有 21 个;文昌市有 14 个;万宁市有 4 个;儋州市有 42 个;东方市有 21 个;五指山市有 15 个;澄迈县有 4 个;定安县有 13 个;屯昌县有 6 个;临高县有 9 个;乐东县有 24 个;陵水县有 36 个;昌江县有 20 个;白沙县有 57 个;保亭县有 21 个;白沙县有 57 个;琼中县有 6 个。[②]这些遗址中,台地和山坡遗址的类型较多,沙丘遗址类型相对来说少。尤为引人注目的是那些沙丘(贝)遗址,它们鲜明地体现了海洋文化的独特魅力。这些遗址主要聚集在陵水、三亚、东方、昌江、儋州等沿海县市,尤其是陵水的沙丘遗址数量尤为丰富。

海南岛,四周环海,沿海地区拥有着典型的砂质海岸地貌特征,它们常年经受着潮汐和风浪的洗礼与雕琢,形成了多个既相对独立又相互连接的地理单元,如泄湖、海湾等。这些自然形成的地理单元为古代人类提供了丰富多样的生存环境和活动空间,使他们得以在这片土地上繁衍生息,创造出独特的文化印记。

目前,已发现新石器时期的沙丘遗址从时间上看有早、中、晚期。其中代表着新石器早期的是新街遗址;中期的是石贡遗址、大港村遗址、

① 郝思德、王大新:《海南考古的回顾与展望》,《考古》2003 年第 4 期,第 3-11 页。

② 周伟民、唐玲玲:《海南通史》(先秦至五代十国卷),人民出版社,2017,第 50-51 页。

移辇遗址、莲子湾遗址、桥山遗址等；晚期的是付龙园遗址。下文有选择地对这些遗址和考古发现进行介绍。

1. 新街遗址

新街遗址位于海南东方市新街镇北梨河入海口。遗址紧邻北部湾东侧，隔海相望的是越南义安省的清化市。

从遗址中发掘出了猪、牛、鹿等动物烧骨、大量螺壳、鱼椎骨，烧土、炭屑以及夹砂陶片和石器等遗物。其中石器为少量，多为打制的石器，形状以斧状居多。出土的陶器均为夹砂粗陶，灰褐陶占据了主导地位。这些陶器形态多样，其中，以圜底罐和圜底釜尤为常见。陶器较简朴，仅有少数陶片装饰有粗犷的绳纹。同时，遗址内还采集到了大量的螺壳和贝壳遗骸。新街遗址与海南岛史前文化早期的三亚落笔洞洞穴遗址相比，该遗址的独特之处在于其出土了磨制石器、夹砂粗陶釜和陶罐等遗物[①]。从出土器物和地层堆积可以推断，该遗址处于新石器时代早期，推测其年代距今约 5000 年。居住这里的先民以海边的螺、蚌、蚝、蚵等为主要的食物，虽然制作的陶器还处于简单的状态，但是已经使用陶罐。遗址遗物显示了先民的生活痕迹，但未形成稳定的居住点。

2. 石贡遗址

石贡遗址位于陵水县南湾半岛西北角，南邻浅海湾，北靠南湾岭。海里贝类、鱼类丰富，可供捕捞，山岭上野果、野菜可供采集。

1992 年和 2006 年，分别对该遗址进行了考古发掘。出土的石器包括石斧、石锛以及石片、砺石、石盘等，部分石器展现了高度的工艺水平，非常精美。同时，遗址中发现了大量的陶器，以夹粗砂褐陶为主，形式多样，包括不规则的陶罐、杯子、碗、钵，以及不同形状和大小的陶制纺轮和陶网坠等。这些陶器的纹理有方格纹、水波纹、弦纹和绳纹等。陶器多数为圜底器，部分则为圈足、高圈足和平底器。这些陶器通过泥片贴铸法制作而成，火候较低，反映出当时陶器制作的技术处于较低的水平。值得注意的是，遗址中还发现了房址、柱洞以及灶的遗迹，灶由

① 丘刚：《海南岛史前遗址中的海洋文化特质》，《南海学刊》2015 年第 3 期，第 100 页。

石头按“品”字形排列而成，旁边散落有做饭用的陶釜残片和红烧土痕迹[①]。此外，还发现了贝壳等遗物。

从遗迹和遗物中可以推断，该处先民已可以制作房屋，过上了定居生活。他们利用陶器储存劳动所得的粮食。还显示先民已经能够编织渔网，从事海上捕捞作业，贝类、鱼类已成为他们日常饮食的重要组成部分，该遗址体现了显著的海洋文化特征。

3. 大港村遗址

大港村遗址位于陵水县三才镇大港村西南方向，距离石贡遗址北部约 8 公里。考古队在 1957 年、1962 年以及 1973 年对该遗址进行了三次发掘工作。发掘出石凿、石锛、石环、石网坠、石斧等器类，形状上涉及长条形、圆柱形、梯形石锛。这些工具均为先民曾经使用过的物品。此外，还出土了大量生活用具，如夹砂粗红陶罐、陶豆、陶网坠、陶纺轮等，其中陶片表面多刻有篮纹或刻划纹。从出土遗物分析，大港村遗址被确认为新石器中期的沙丘遗址。特别值得注意的是，遗址中发现的少量陶纺轮和陶坠饰，与石贡遗址相似，反映了当时人们已将捕鱼作为辅助生活资料来源的现象，凸显了深厚的海洋文化特色。[②]

4. 桥山遗址

桥山遗址位于陵水县三才镇桐栖港西北岸，此地周围被南湾岭、走客岭、长水岭环绕。桥山遗址是目前为止海南岛上保存最为完好、面积最广、堆积层最为丰富且遗物最为多样的史前遗址。考古队分别于 2012 年、2013 年和 2016 年进行了发掘工作，揭示了其内部多层次的堆积结构。每层出土的遗物均因其所处层位而各具特色。第一层为灰色沙土，属于表土层。第二层为黄色沙土，其中出土了少量陶片和瓷片。第三层为浅褐色沙土，此层出土的遗物最为丰富，出土的陶器多为夹砂红褐陶，做工较粗，器物体积较大，器壁较厚。器物口部多为敞口或盘

① 丘刚：《海南岛史前遗址中的海洋文化特质》，《南海学刊》2015 年第 3 期，第 101 页。

② 丘刚：《海南岛史前遗址中的海洋文化特质》，《南海学刊》2015 年第 3 期，第 101 页。

口，底部多为圜底或圈足。还出土了两种类型的陶片，一类陶质较好，夹细砂，烧制火候高，器型较小，器壁较薄，多为圜底罐，多直口；另一类陶质较差，粗夹砂，烧制火候低，器型较大，器壁较厚，器形难以辨识[①]。这些发现表明桥山遗址至少包含了两种文化类型[②]。值得一提的是，桥山遗址还发掘出数件磨制石斧、磨制石环等遗物，还发现了史前墓葬和人骨。这些发现为海南先民的体质特征、DNA 研究等提供了重要资料，对于进一步探索海南史前文明具有重要意义。

5. 付龙园遗址

付龙园遗址是海南岛新石器晚期沙丘遗址，遗址西濒北部湾，北靠海南岛第二大河流——昌化江的入海口。

1998 年，对该遗址进行了考古发掘工作。该遗址的文化层可划分为三个主要层次。第一层，即最上层，主要出土物为夹砂细陶和泥质陶，并包含多种几何印纹陶片。这些陶片以灰褐色为主，多为轮制，其上刻有划纹、方格纹及水波纹等纹饰，主要器型为罐和瓮。第二层主要出土有贝壳、夹砂陶片、几何印纹陶片和动物骨骼。第三层出土物主要为陶器，以夹砂陶为主，泥质陶次之(含少量夹细砂陶)。陶片以夹粗砂红褐陶为主，其余类型较少。夹砂陶多为手工制作，火候较低，小部分夹细砂陶较坚硬。陶器表面多为素面，纹饰罕见。泥质陶片多见划纹、水波纹等，器形以平底器和圜底器为主。陶器类型包括釜、罐、钵等。此外，还出土了大量贝壳和少量兽骨。值得一提的是，出土的 150 余件骨器，均采用了切割与刮磨相结合的技术进行精细加工。骨器多粗糙，器形不规整，仅有少量磨光[③]，器类多样，含鱼鳔、针、凿等。还发现带截锯、刮削痕迹的骨料、骨片和梯形石斧、石片、石锛等类型。从出土的陶器和其他生产工具上可以看出先民制作技术又迈进一步，并且有了一定的审美能力。

经碳十四测年技术测定，海南岛古人类在付龙园遗址上生产和生活

① 丘刚：《海南岛史前遗址中的海洋文化特质》，《南海学刊》2015 年第 3 期，第 102 页。

② 刘业沣：《海南史前考古取得突破性进展：陵水桥山遗址是海南地区迄今发现最大的史前遗址》，《中国文物报》2014 年 3 月 28 日第 7 版。

③ 丘刚：《海南岛史前遗址中的海洋文化特质》，《南海学刊》2015 年第 3 期，第 102 页。

延续了近两千年。“而最下层年代距今 2570 ± 70 年，此时的中国大陆已进入奴隶社会的春秋早期阶段，由于海南岛早期文化的相对滞后，该层在海南还应属新石器时代晚期”[①]。

总之，新石器时期的遗址几乎遍布海南各市县，这些遗址中，台地和山坡遗址的类型较多，沙丘遗址类型相对来说少。从考古发掘的文物来看，年代久远的新石器遗址不仅出土了动物化石，还伴随有石器。而在距今较近的新石器时期遗址中，出土文物则表现为石器和粗陶并存的现象。比如时代稍早的琼山市仙沟岭下沟村和定安县谷溪等新石器遗址采集到的有石锛、石刀、石斧等石器，而时代稍晚的佳笼坡、中瑞、潭榄村等多处遗址均采集到石斧、夹砂陶器碎片等。在这些遗址中，文昌、陵水、三亚等地遗址石器有肩的较少，且斧比锛多。陶器多为夹砂粗红陶。儋州、琼中等地出土石器以有肩的普遍，陶片多为夹砂粗红陶伴几何印纹硬陶。三亚市牙龙湾、陵水县港尾未见石器，出土以几何印纹硬陶为主。这些出土的石器和陶器，其制作技艺逐渐展现出更为精细的特点。

三、遗址文化特征以及意义

对于新石器时期遗址的文化特征，正如周伟民教授所概括的那样：

一是磨制石器的数量显著增多，且多数呈现通体磨光的特征，器类繁多。其中，常见的类型包括斧、锛、铲、凿、镞等，同时也有少量的犁、矛、戈、网坠、砺石、纺轮和杵等。特别值得注意的是，斧和锛的设计多样，流行长身和有肩两种形态，部分锛更是采用了有段或有肩有段式的独特设计。典型的器物包括长身斧、双肩斧、有肩锛、有段锛、大铲、长身铲等，这些器物不仅体现了当时石器加工技术的精湛，也反映了当时社会生产和生活需求的多样性。

二是遗址中发现的陶器主要分为夹砂陶和泥质陶两大类别。

夹砂粗陶占据主导地位，多采用手工制作。其器形主要包括釜、罐、

① 海南省文物考古研究所：《海南东方市荣村遗址试掘简报》，《考古》2003 年第 4 期，第 12-24 页。

盆、碗等,还有纺轮、网坠、陶拍、陶饼等工具。釜与罐多采用敞口或盘口设计,底部多为圜底,而碗、盆则多为圈足,平底器与三足器相对较少见。素面陶在新石器晚期的遗址中较为常见。器耳有环状、桥状和乳钉状。盘口釜、板沿口釜、敞口罐、圈足盆等均为代表性器物。

泥质陶则有红褐、灰褐、黄褐等色调,既有手工制作,也有轮制成型。器物表面经过磨光处理。除了蓝纹、划纹和素面外,还出现了简单的几何印纹,如方格纹、水波纹、米字形纹、菱形纹、篦纹等。不过并未发现曲尺纹、云雷纹、夔纹、复线长方格纹等典型的几何印纹。泥质陶的器形相对有限,仅有罐、钵、鼎、碗、杯等。

三是,部分遗址内发现了由骨骼和角制成的器具,包括锥、针、凿、匕、纺轮、梭等器形,其中锥形器具占据多数,部分器具通体经过精细磨光处理。

四是,发现了装饰品,有石珠、石环、陶珠、陶坠饰、骨管以及石璧等多种材质与样式。

从这些新石器遗址的文化特征上可以看出:

首先,海南较多的新石器晚期遗址的文化内涵与两广地区呈现显著相似性,可知在新石器晚期,海南与岭南地区存在文化的交流。

具体而言,部分遗址与珠江三角洲的同类遗存相比较,其石器多具通体磨光特征,器形以锛和斧为主,且两地锛的数量均超过斧,其中有肩锛、双肩锛、有肩有段锛等形态,表现出明显的文化延续性。陶器方面,两地均以夹砂陶和泥质陶为主,流行圜底器和圈足器,常见器物包括罐和釜,尤其是板沿口陶釜成为典型代表。海南出土大石铲的遗址与两广地区以大石铲为显著特征的新石器晚期遗存文化形态大体相同,均为台地、山坡类型。这些遗址主要分布在广西南部及海南的部分市县,广东亦有少量发现。其中,广西邕江三角地区遗址密集,出土遗物亦最具代表性;海南出土文物为大石铲、平肩长身石铲、双肩斜柄石铲等,其他地区则种类单一且器形多发生变化。这充分证明了海南与岭南地区在同时期文化上的交流。

其次,遗物中具有较多的动物骨骼。生活在时代久远的遗址上的古人以狩猎为主,他们也捕捞河海中的鱼类和贝类作为生活的资料。在距今时代较远的遗址中发现较多陶器,而陶器一般为农业经济之后的产物,因此,这些遗址上生活的人,获取生活资料应该有了农业生产,生产方式多元化。并且生产有了剩余,会用陶器储存。人们已经取火,并能长久保存火种供炊煮之用。

最后,从多个遗址出土的石制或陶制的网坠以及鱼骨和螺、蛤等遗存物看,古人类的生活中,捕捞业占据了重要地位。这些网坠可能用于制作渔网,在海中或河中捕鱼。从具有海洋文化特色的沙丘遗址看,生活于此的古人已经从事海上捕捞作业,贝类、鱼类已成为他们日常饮食的重要组成部分,此类遗址也为我们了解海南古人类活动的状态,以及民族来源、繁衍变迁提供了一定的科学价值。①

① 周伟民、唐玲玲:《海南通史》(先秦至五代十国卷),人民出版社,2017,第52-54页。

第二章　海南历史沿革和移民

一、历史沿革

（一）秦汉时期

公元前221年，秦王嬴政吞并六国，完成了中国统一大业，建立了我国第一个统一的封建帝国，成了中国第一个皇帝——秦始皇。他的目光不仅放在中原地区，为扩大疆土，威震四海，获取更多资源，他决定向南方百越地区进兵。此时的百越是部族林立，分散自治的时代，社会没有进入国家形态。

前214年，秦始皇派兵伐南方越地，任命任嚣为主将，赵佗为副将，经过四年的苦战，终于瓦解百越各部落，进入番禺，控制了岭南大部分地区，秦始皇在岭南设立三郡：南海、桂林、象郡。这三郡所辖地域，包括南海北部和西部的海域，也即南海诸岛——海南岛、东沙群岛、西沙群岛等海岛。因为时代的局限，人们对南海诸岛的认识和了解尚未深入，海南岛只作为秦时"象郡的外徼"[①]。这意味着海南岛当时并未被明确划入一个具体的行政区划内，它在秦代的行政管理体系中，处于一个相对边缘和外围的位置。但"象郡的外徼"这一称谓也表明，秦朝对海南岛及南海诸岛进行了一定程度的间接管理和关注。

秦王朝传二世而遭灭国，此时天下大乱，岭南之地的任嚣拼命发展自己的势力，扩充军队规模，断绝中原通往南越的要塞，并加强防御，为

① "外徼"即为边界之外的意思。

日后割据一方做准备。任嚣假借秦王室名义发诏书,委任赵佗为南海郡尉。任嚣去世,赵佗封锁北上的交通要道,撤掉忠于秦朝的官员,断绝与北部地区往来,并于前206年向西进军,兼并桂林郡和象郡,建立了北起五岭、东临大海、西至滇黔桂交界处,南到越南中部及海南岛的南越国。赵佗自称南越王,建都番禺(今广州)。

在赵佗征服百越,兼并桂林郡和象郡之时,北方刘邦和项羽争霸,最后刘邦获得胜利,建立起西汉政权。汉高祖刘邦励精图治,发展经济,多种手段巩固政权,对南越国采用招抚政策,派使者出使南越,说服赵佗归附汉朝。赵佗接受汉王朝招抚,被封为"南越王"。汉王朝承认赵佗对南越的合法统治。赵佗死后,南越国传了四代,其间与汉朝的关系若即若离,朝贡时有时无。

汉朝经过休养生息,到汉武帝时期,已经经济发达、文化昌盛。汉武帝派使者到番禺劝说南越王和南越太后入朝长安,南越王和南越太后入朝的渴望与越人出身的相国吕嘉等人的独立成国的意愿有冲突,最终导致吕嘉等人发动政变。公元前111年,汉武帝派伏波将军路博德和楼船将军杨仆平定吕嘉动乱。楼船将军杨仆乘胜南下,横渡海峡到达海南岛。

平定南越后,汉武帝在南越设立南海、苍梧、郁林、合浦、交趾、九真、日南、珠崖、儋耳九郡,其中珠崖、儋耳两郡就在海南岛。儋耳、珠崖管辖16个县。海南岛正式成为中央王朝的一部分。

但不到20年的时间,撤销儋耳郡,将之并入珠崖郡,到了汉初元三年(前46年),汉元帝采纳贾捐之的建议罢郡,海南又回归无政府的状态。到汉光武帝建武十九年(43年)派伏波将军马援、楼船将军段志讨伐交趾,东汉将已废弃的珠崖郡改为珠崖县,珠崖才再次出现在南方的领域。到了永平十七年(74年)儋耳"慕义"归东汉。但东汉对海南的建置和行政规划并无增县,也不设郡,海南岛只留一个空名的县治。因此,实际上自罢郡后,中原汉王朝只是名义上的遥领海南,海南与中原的关系又回到以往的遥领阶段。

(二)三国至南北朝时期

历史进入三国鼎立时期,属于江南地区的吴国自然地接管了岭南地带,但海南这个南方之南的地方还是处于无政府的状态。吴国的孙权想征伐海南，询问当时吴国大臣，即著名的军事家和政治家陆逊。陆逊上书反对，认为现在吴国还处于周边尚未稳定、需要兵力防守的时刻。跨过万里之地去征伐海南，海上坐船面临海浪摧毁的危险，士兵从老远的地方到海南，水土不服，势必会生病，讨伐一点好处都没有，何况那里的人尚未开化，收服了他们没有用处。孙权从更远的角度思考讨伐海南的意义，他的目的是想利用海南的地理位置，向南海沿岸各国开辟贸易航线，把海南开辟成通往南海沿岸各国的一个中转站。于是孙权在赤乌五年(242年)派聂友和陆凯带领三万人讨伐原珠崖和儋耳郡地，大军获得了胜利，但是吴国并没有能巩固住胜利成果。军队中虽然暂时有精兵留下，但是又匆匆撤离。赤乌九年(246年)孙权想再次攻打珠崖及夷州，预先征求张琮的意见。张琮也提出了反对意见，理由跟陆逊非常相似。但孙权还是起兵征伐，最终士兵因疾病死亡无数，孙权非常后悔。战争结束后，吴国再次设置珠崖郡，治所在徐闻，领徐闻、朱卢、珠官三县，朱卢和珠官在海南岛，实际上对海南还是隔海遥望。因此，在三国时期并未改变汉元帝弃珠崖以来的状态，海南岛依旧孤悬海外。

自三国起到南朝时的梁朝前期，海南行政建制形同虚设。南朝后期的梁、陈两个朝代，其中央政权与海南地方的关系有所变化，这一改变跟冼夫人有关系。冼夫人是南越部落首领的女儿，自小有卓越的政治才能，在南越部落中颇有威望，后来与高凉太守冯宝结婚。在冼夫人的治理和监督下，南越地区民间纠纷和怨恨减少，她的威名也传到海南的俚人中，慕名归附她的有1000多峒。

539年，冼夫人以南越部族首领的身份请命于朝，在海南设州郡。由于冼夫人的名望，梁武帝在儋耳废址上设立崖州，治所在义伦，下有义伦、朱卢二县，统属广州都督府，并委派冼夫人全权负责管理。海南岛进入有效的管理状态。陈朝代替梁朝后，沿袭梁朝的制度，保持崖州隶属广州都督府。

(三)隋唐时期

隋文帝开皇十年(590年)冼夫人率众归顺隋朝，包括海南在内的岭南诸州县被纳入中央政权。冼夫人招抚十余州黎民百姓有功，隋朝以海南“临振县汤沐邑1500户”及“崖州总管平原公”对冼夫人及其子冯仆进行赏赐。隋朝在行政规划上改州为郡，崖州因此更名为珠崖郡，但实际上在海南岛由冯冼家族直接管理。

唐代建立后，迅速投入扫除割据势力的统一战争。掌控海南岛的冼夫人孙子冯盎受招抚，海南才归附唐王朝统治。

唐代对海南的管理非常重视，对海南采用直接统治的形式，改变了长期以来中央政权对海南间接管理的制度。按照唐代中央政府的府、州、县的行政划分分级管理。唐初在海南设立崖州、儋州、振州三州，三州隶属高州总管，每个州下辖四县。贞观元年，设崖州都督府总辖各州县。到了贞元五年，罢崖州都督，设琼州都督府，直隶中央政府，下辖崖州、儋州、振州、万安州、琼州 5 个州。崖州下有舍城、澄迈、文昌三县；儋州下有义伦、昌化、感恩、洛场、富罗五县；振州下有宁远、延德、吉阳、落屯、临川五县；万安州下有万安、富云、博辽、陵水四县；琼州下有琼山、临高、曾口、乐会、颜罗五县。这一格局为海南历朝的行政建置，以及封建区域的扩大奠定了基础。

唐代，海南的州县遍布环岛沿海地区，中央对海南的统治得到了加强。随着中央对海南的逐步掌控，冯冼家族也逐步淡出历史的舞台。海南的土地得到大面积的开垦。

（四）宋元时期

唐代灭亡后，中原四分五裂，朝代频繁更迭，五代十国时代来临，海南岛属于十国中的南汉。南汉在争夺地盘中，自顾不暇，对海南疏于管理。在行政设置上改为 5 州 14 县，县的管理上有所收缩。

宋朝对海南的管理比之前更加深入。972 年，北宋在海南岛上设立了儋州、崖州、振州、万安州，这四个州都归琼州（琼管安抚司）管。后来，朝廷对海南的管理架构进行了调整，撤掉了岛东北部的崖州，把它并到琼州。岛南的振州就变成了崖州，这样一来，就形成了琼州、崖州、儋州、万州四个州的布局。因为军事需要，儋州、万州、崖州又被改成了昌化军、万安军、朱崖军，这样一来，琼州和这三个军就构成了一个新的格局。随着宋代对海南各个地方的渗透，墟市越来越多，岛上也开始热闹起来。

到了元朝，海南隶属于湖广行省，省治设在武昌。到了至正年间，海南又改归广西中书行省管。元代对海南的管理方式和之前采取招抚政策的朝代大不一样，他们主打压制策略，黎族人民只好退到山区生活。

（五）明清时期

明代，朱元璋平定海南后，依照元代建制，海南还是归广西行中书省管。此后，到了洪武七年（1374年）的时候，设立了广东布政使司，琼州府就变成了广东布政使司的一部分。琼州府下面管着琼州、儋州、崖州、万州这四个州，每个州又各自管着不同的县。从此以后，海南的行政区划只作稍微调整，没有大的变化。

明代，海南岛上大兴土木，各个郡县都普遍建了城。城墙采用夯土结构，较之以前来说非常牢固，起到很好的防御作用。城和小城镇之间还修了公路，交通更加方便。随着经济发展，海南岛上的基础设施修建逐步完善。

另外，明朝政府将黎族和苗族编入了户籍，在黎族地区推行了都图制度。就是把几个峒合成一个图，几个图再合成一个都，几个都再合成一个乡，乡又归州县管。这样分级管理，统治力度加强，封建统治逐渐向岛内部延伸。到了明代中期，岛腹部地区的开发工作已经取得了有效的进展。

清朝初期，清政府沿用了明朝的行政体制。在海南岛设立了琼州道（亦称海南道），琼州道归属广东管理。该道统辖琼州府，琼州府则下辖儋州、崖州、万州三州，以及琼山、澄迈、定安、文昌、会同、乐会、临高七个县。随着时间的推移，由于行政管理的需要，雷州府与琼州府曾一度合并管理，这一区域因此被改称为雷琼道。

至光绪三十一年（1905年），行政划分再次调整，雷州府被划归为另一管理区域，而崖州则被提升为直隶州，并更名为琼崖道。琼崖道下辖琼州府与崖州两地。其中，琼州府继续管辖儋州及前述七县；崖州则新增陵水、昌化、感恩三县，并将原本为州的万州降级为县，亦纳入其管辖范围。

（六）民国及其之后

据1994年版《海南省志》所载，民国初年，海南省的行政区划承袭自清制，初设琼崖道，其后至1948年，海南行政称谓依次为琼崖善后处、琼崖行政专员公署、广东南区善后公署、琼崖绥靖委员会公署、广东第九区行政督察专员公署和海南特别行政区。1935 年前共辖 13 县；此后增置 3 县，总计 16 县，分别为琼山、文昌、定安、澄迈、临高、儋县、昌江、崖县、万宁、陵水、感恩、琼东、乐会、白沙、保亭及乐安（后三者乃新设之县）。各县之下，又设乡镇以行管理之责。此外，其行政版图还包括西沙、东沙、中沙群岛及其所属岛礁与海域。

1950 年 5 月海南解放，海南军政委员会随即设立。1951 年 4 月，广东省人民政府海南行政公署正式成立。经过数十年的发展，海南于 1988 年 4 月迎来了重大变革，撤销了原有的海南行政区，并设立了海南省，同时海南岛也被划定为经济特区。为了进一步推动海南的经济发展，2008 年将海南旅游业确立为战略产业，并致力于建设国际旅游岛，同时实施了包括"零关税、放航权、免签证"在内的多项优惠政策，以旅游为引领，推动现代服务业的全面开放。2012 年，海南省的行政区划再次调整，三沙市正式设立，全省直辖范围扩大至 19 个市县，包括海口市、三亚市、三沙市、儋州市、五指山市、文昌市、琼海市、万宁市、东方市、定安县、澄迈县、屯昌县、临高县、白沙黎族自治县、昌江黎族自治县、乐东黎族自治县、陵水黎族自治县、保亭黎族苗族自治县、琼中黎族苗族自治县。而在 2018 年，国务院正式批准设立海南自由贸易试验区，标志着海南在对外开放和经济发展方面迈出了新的一步。

古代海南的历史沿革经历了从秦时期的外徼到汉朝的封建政治势力进入，再到三国至南北朝的政权更迭和归属变动，又经过隋、唐、宋、元、明、清等朝代的逐步发展和完善，形成了较为完善的行政管理体系。到解放后，经历建省办特区和自由贸易区的设立，海南展现了其独特的地理位置和历史价值。

二、移民以及移民对海南文化的影响

（一）黎族和临高语族迁移海南岛

黎族作为现今的族群称谓，其历史沿革中经历了多个阶段的名称变迁。西汉以前，海南岛的原始居民及中国南方部分少数民族被泛称为"骆越"等。时至东汉，这个群体则多以"里""蛮"等称谓被记载。进入隋唐时代，包括黎族祖先在内的族群，普遍被冠以“俚”“僚”等名称。而“黎”这一称谓，其起源可追溯至唐代后期。直至宋代，“黎”才正式确立为黎族专属的族群名称，并一直沿用至今。

史前时期，海南已显现人类活动的踪迹。考古发现的遗物跟现在的黎族族落之间有千丝万缕的联系。现在，在黎族地区，我们能够看到树皮布、土陶及其传承的制作技艺，以及黎族一些阿婆身上的文身图案，是人类史前文化的重要遗存。

作为最早生活在海南岛上的黎族，其族源问题在学术界中仍存在争议。有观点认为黎族是生长于海南岛本土，也有观点认为黎族从百越地区或东南亚地区迁徙而来，关于黎族族源到目前为止尚未有定论。

民族学家王兴瑞认为黎族是海南岛上的先住民。他指出在古老的年代，海南岛上黎母山的深山老林里住原始的黎人。值得注意的是，王兴瑞并未直接断言这些黎人由猿进化至人居于山中，但他确认了黎族作为岛上最早且最古老的族群身份。

更多学者已明确阐述，黎族的起源并非海南岛本土，而是源自岛外。罗香林等学者依据考古学、语言学及民族学等多方面的研究成果，指出黎族与古代越族，特别是“百越”中的“骆越”分支，存在深厚的关联。骆越族群原居于现今我国的广西壮族自治区以及越南，后迁徙至海南岛。在岛上，洛越族群因受海洋的天然屏障所限，与外界交流极为有限，导致其文化发展陷入停滞。刘咸与史图博等学者则持不同观点，他们认为黎族源自百越中的洛越，在海南岛成为原住民后，又逐渐吸纳或融合了其他种族成分，形成了现今这一多源汇流的共同体。徐松石等学者还提出了黎族族源的“北来说”与“南来说”，即黎人与古代两广、越南地区的古人以及东南亚的马来人均有渊源。同时，也有学者将黎族族源与南岛语系相联系，进行了深入的探讨。[①] 当然，上述黎族族源的说法并非完全独立，它们之间可能存在交叉和重叠，学术界对于黎族族源的研究仍在持续深入中。

尽管关于黎族族源的争议持续存在，但基于海南岛地质历史上曾存在的不稳定性，该岛并不适宜作为人类起源的地点。同时，根据多数学术研究的推断，笔者认为，最初居于海南岛的黎族先民也是从岛外迁徙

① 周伟民、唐玲玲：《海南通史》（先秦五代十国卷），人民出版社，2017，第81-91页。

而来。自史前至秦代这一漫长的历史时期,他们长期处于原始的未开化状态。这些先住民在岛上繁衍生息、发展壮大,逐渐形成了独具民族特色的黎族群落。

由于语言和文化特征上的细微差异,黎族内部可进一步细分为哈、杞、润、美孚、赛五种方言群体。尽管如此,这些方言群体之间在交流上并无太大障碍,能够基本实现相互沟通。此外,在婚姻、饮食、居住、民间信仰等社会习俗方面,黎族内部各群体之间的差异也相对较小。

随着黎族先民脚步迁移到海南岛的是临高语系的先民,临高语源于古越语系,在发展过程中融合壮语、疍家话和汉语,形成了临高语。在学界有部分学者认为临高语系的先民是明代从广西等地因征调而来的壮族军士。但更多的人认为,临高语系先民是继黎族先民之后,在春秋战国时从广西南部和雷州半岛登陆海南岛北部的一个族群。临高人生活在海南岛的北部,东起南渡江、西到临高新盈港,南以海口遵谭、澄迈白莲和儋州的南丰为界。现在临高全县,海口的遵谭、龙塘、长流,澄迈的白莲,儋州的南丰等地讲临高话的人就是这些移民的后代,他们常与汉族、黎族、客家人相邻而居,语言、宗教、生活习惯受相邻而居的人影响。

(二)秦汉时期的移民

秦始皇三十三年(前214年),秦朝迁居50万居民到岭南,开垦了岭南地区荒芜的土地。此后,赵佗上书“求女无夫家者三万人,以为士卒衣补”,解决士兵的配偶和生活问题。秦朝这两次移民均是往岭南地区。可能有一部分迁移到了海南岛。明代正德《琼台志》:“秦以水德王,其数用六,今琼人行使铜钱犹用六数,以六文为一钱,六十文为一两,六百文为一贯。”清朝道光年间《琼州府志》载,过去海南度盘衡实行六进制,与秦时实行的六进制相同。这两本地方志明确记载市场上使用的铜钱与秦代一致,以及度盘与秦时实行的六进制相同,足以证明秦朝时期已有人员抵达海南岛进行商贸活动。秦朝的文化随着海南岛与大陆之间的人员往来,逐渐渗透至海南岛,不过这种文化传播方式的影响范围相当有限。海南岛在此时仍处于部族众多、各自为政的分散治理状态。经济上海南岛依旧以农业种植和渔猎活动为主要生计来源,而在琼北地区,纺织品和珠贝的交易活动则较为繁荣。

岭南地区的统治者赵佗是一名有眼光的政治家,在秦朝灭亡之后,他成功占据岭南地区的战略要地,并自称为南越王。为了有效治理该地区,赵佗采取了汉王朝所实行的郡县制与分封制相结合的治理方式,并任用当地人才,加强地方管理与稳定。同时,他推动汉族与越族之间的通婚政策,促进两族之间的交流与融合。在经济发展方面,赵佗引进中原地区先进的生产工具和技术,大力发展制陶、纺织、造船、冶铁等产业,显著提升了南越国的生产力和经济水平。此外,他还重视商贸活动的发展,通过促进商贸往来,进一步推动了南越国经济的繁荣。在文化领域,赵佗积极推行儒家的伦理道德教育,提升民众的道德水平和文化素养,促进了南越国文化的全面发展。作为南越国不可或缺的一部分,海南岛的经济也伴随着南越国的整体发展而有所增长。

汉武帝时期,为了强化中央集权,特在海南岛设立儋耳、珠崖二郡,并派遣官员进行治理,明显强化了中原政权对海南岛的管理与控制。伴随此过程,汉族人口逐渐向海南岛迁徙,数量渐增。当时中原地区已确立了以儒学为主导的政治制度及伦理规范体系,而海南岛的土著居民则仍处于较为原始的社会状态,其生活方式自由随意,与中原汉族所秉持的礼仪制度存在着显著差异。这种文化差异导致了两者间的冲突与矛盾。进一步而言,汉人因自视为文明之族,往往对岛上居民持有一定程度的歧视态度。同时,部分官员的不当行为,如横征暴敛等,更是加剧了黎族与汉族之间的紧张关系,使得黎汉冲突时有发生。因此,到了汉初元三年(前 46 年),珠崖罢郡。尽管珠崖罢郡导致汉族与黎族之间的文化交流显著减缓乃至暂停,但汉文化进入海南岛,从而打破了海南岛长期以来由黎族文化一统全岛的局面。

东汉建武十三年(37 年)交趾郡因汉族官员和当地人的矛盾,引起徵侧和其妹徵贰带领部族人起兵反抗汉王朝的统治,这就是历史上的"二徵造反"。

建武十八年(42 年)光武帝任用马援为伏波将军,其与副手乐候刘隆、楼船将军段志率兵向南出发平定二徵动乱。马援巧用计谋把二徵的队伍消灭。在交趾郡平稳后,马援和刘隆率领 2 万余人,2000 艘战船,横扫二徵叛军余党,荡平九真、日南、合浦诸郡。据说马援手下一个支队"缘海南进",到达海南岛。因马援的威名,海南地方上不少贤达人士"慕义而归"。马援的属下学习马援,所过之处结合当地情况,带军队修城郭、兴修水利,为当地的安定和社会发展做出了贡献。马援之后,封建王朝对海南的开发不断深入。

总而言之，汉代迁移到海南岛的汉人数量有限，大多是汉军士卒。但自此以后，中原汉人源源不断迁移到海南岛，中原文化也在此过程中逐渐在海南岛上渗透并传播开来。

（三）南朝到唐代的移民

南北朝到隋朝之间，中原政治格局不稳定，人口由中原向四周扩散的频率和人数更高更多。冼夫人和其家族管理海南岛，她组织移民开发海南，这时期的移民成分复杂。但是移民的到来必然推广中原生产劳动技术，宣扬汉族文明，促进汉、黎等民族文化融合。冼夫人和她的家族，在一定历史时期内为海南岛带来社会安定和谐。

唐代，随着中央加强对海南的管辖，海南与大陆①的交往更为密切，较多移民进入海南岛，岛上人口结构和文化发生了很大的变化。

在移民群体中，有一部分是来自中原地区的仕官，他们赴任海南地区的官职。同时，唐代被贬官员也构成了移民群体中的一个重要组成部分。仕官和贬官大多经过科举考试进入政治体系，他们深受中原儒家文化的影响，到海南岛后以个人的力量推动海南文化的发展。贬官中有一部分人在海南离世，他们的子孙选择在海南岛定居并繁衍生息，比如李德裕与韦执宜等，遭受贬谪至海南并在海南岛去世，此后他们的部分子孙落籍海南。

在移民群体中，有一部分群体由商人与手工业者构成。唐代穿梭于南海的船舶数量已颇为可观，海上丝绸之路呈现出繁忙景象。商人因频繁往来于海南地区，最终选择在此定居。一些来自阿拉伯地区的商人，是因遭当地强权势力劫持，而被迫在海南落户。这部分被迫定居的商人被当地称作“番客”，他们的到来为海南回族的形成奠定了初步基础。

移民中更多的是来自岭南地区的俚人以及中原和北方地区为躲避战乱而迁居海南的汉人。1933 年神州国光社出版的《海南岛志》中提及，唐代海南岛汉族人口已从汉代约 2 万人增至 7 万多人，因文化的相似性，俚人与先住民黎民融合为同一族群。

高僧鉴真大师在第五次尝试东渡日本的旅途中，不幸遭遇海风侵

① 大陆是地理学上对很大的陆地的称呼，是相对于岛屿的一种泛称。海南本土称除了岛屿以外的一切中国领土为大陆。

袭,被吹至海南岛南部。在海南岛的这一年中,鉴真大师一行人得到了当地一些官员的接待。在当地官员的热情邀请与鼎力支持下,鉴真大师一行人积极投身于寺庙的修缮工作,并开坛讲经,传授佛法,为信徒们授受戒律,极大地推动了佛教文化在海南岛的传播与影响。鉴真大师在海南岛居住一年多的时间里,为当地留下了许多宝贵的佛教文化和建筑文化。

历史发展到唐代,海南岛内汉族移民的数量增加迅猛,移民的到来推动了海南民族构成的演变与发展。但黎族在唐代依然占据海南岛的主要族群地位,其成员遍布岛屿的东、中、西及南部区域。黎族社会中仍留存着母系与父系氏族制度的痕迹。黎族各方言区域内部存在着峒的划分,这些峒各自独立互不统属。

汉族移民在海南的聚居地主要集中在岛的北部,但随着唐代“绥抚”政策在黎族地区采取了温和的融入策略,使得唐代的统治势力逐渐深入黎族地区。汉族人居住地逐渐扩展至南部及西南等较为偏远的区域。汉族移民的到来,带来了先进的农业和手工业,对黎族地区农业和手工业的发展起到了积极的推动作用。但尽管如此,海南的整体生产水平相较于中原地区仍显滞后。

唐代广东地区和海南岛海岸线上,以广州为起点,通过海上航线与南洋各国进行贸易和文化交流活动已经较热闹。海南岛在南海各国的航线贸易中,扮演了重要的中转站的角色。船只在海南岛以及海南附近的岛屿靠岸,补充物资或者检修船只再继续前行。

在教育方面,唐代以前,海南的教育还是落后,到了唐代,被贬到海南的名臣谪宦,有很多著名文人,他们谪居海南期间著书立说,开启了儒学教育之先河,因此,唐代可以称之为海南文明的开端。

(四)宋元时期的移民

宋代,海南岛迎来了首次显著的移民浪潮。相较于唐代,汉族移民数量显著增多。

据《海南岛志》所载,宋代移民潮与唐代类似,涵盖了多个社会群体。其中,一部分是戍边军士,他们中既有服役期满选择定居海南的军人,又有前往海南从事商贸活动的商人,这些商人频繁穿梭于福建、广东与海南沿海地区,凭借当地优良的港湾条件和丰富的热带资源,开展贸易活动，有效推动了海南与闽粤以及东南亚乃至更远地区的经济交流与合作；同时，也有不少因贬谪而流寓海南的官吏，如苏轼、李纲、赵鼎、胡铨、李光及卢多逊等；还有大量农民因不堪忍受剥削压迫或生产资源匮乏，自广东、福建等地逃亡至海南岛，这类成为宋代移民潮的主体力量。这些移民大多以族群为单位集体迁徙，聚居一地，逐渐形成村落，并构建了独特的社群结构。自此，海南汉族的村落家族文化开始逐步形成，而这些移民也成了海南汉族中不可或缺的重要组成部分。

除了汉族移民，宋时还有来自占城国（在今天的越南）人，他们因战乱泛舟过海，散居在海南的大蛋港、酸梅铺海岸。占城国人是海南回族群落的主体。

元代对海南岛实施了长期的征服行动，在战事结束后，采取了设立屯田万户符的制度，以招募劳役民户和新归附的士卒进行屯守。据《海南岛志》记载，海南岛的人口由原先的 10 万增长至 17 万。显著的人口增长，主要归因于征服政策、屯田制度的推行以及轮戍制度对人口需求的增加。

宋元时期，海南经济得到很大的发展。农业上，大量移民的到来使海南的田地得到大面积的开垦。中原的耕作、灌溉技术的引入，使农业生产水平得到提升，手工业也得到发展。海南海上贸易非常兴盛，槟榔、吉贝、香药以及各种山货海珍吸引了大量客商前来贸易。

文化教育领域实现了显著的进步。宋代尤为注重文化教育及科举制度的推行，对文人施以优待，在此背景之下，海南的官办学校得以蓬勃发展。除了府学外，各级州县也纷纷设立学校，有专门学官管理教务和教授学子，拨官田兴学。元代，更是在黎族聚居区设立了“寨学”，专为黎族子弟提供教育机会。除了当政官员在教育事业上的积极作为外，贬谪至海南的官员也对当地教育产生了深远影响。这些贬官中不乏在海南居留了数年乃至十几年的人士，他们深厚的学养以及传播文化的热忱，为宋代海南的文化教育创造了优良的条件。其中，苏轼的影响尤为显著，在他的激励与影响下，海南诞生了第一位举人姜唐佐。宋代海南出现了第一位进士符确。贬谪文人与本土文人在海南岛上共同留下了众多记录当地自然风光和民俗风情的文学作品，这些作品具有浓厚的地域特色。

宋元时期内地移民人数激增、分布广泛，海南经济和文化发展迅速。这一趋势为明代海南经济和文化的繁荣奠定了基础。

（五）明清时期的移民

到了明代，海南岛的人口数量增至33万余人。除了海南先住民的自然繁衍外，主要得益于汉族移民不断迁入。这一时期的海南移民以粤地移民为主，这一现象与明代海南岛归属广东的行政变革紧密相连。此外，闽地移民也相继涌入海南岛，而粤地移民中亦不乏客家人的身影。随着历史的演进，至明代，海南岛迎来了大量来自中原的官员、商人、士兵及普通民众，他们在岛上繁衍生息，久而久之，反客为主。此景正如海瑞所言的“中原多故，衣冠之族，或官或商，或迁或戍，纷至沓来，聚庐托处，熏染过化，岁异而月不同，事变风移，久假而客反为主，靡犷以仁柔，易介而布缕，今则礼义之俗日新矣，弦诵之声相闻矣，衣冠礼乐彬彬然盛矣”。汉族成为海南最大的群落，汉文化影响着海南文化的发展。

明朝时期，为了维护海南地区的稳定与安宁，明政府陆续调派了广西苗兵进入海南岛。苗兵到海南后，平时为民，战时为兵，海南苗兵屯田，后来兵营废除，很多兵士选择留在海南，成为当地的居民。他们与黎族等其他民族杂居，这些兵士的后代逐渐融入了当地社会，形成了海南苗族的一个重要组成部分。当然，除了这些因征调而迁徙到海南的苗族先民外，还有一些苗族人因为生活所迫，迁移到海南岛，这些苗族先民在海南岛落地生根、开垦土地，建立了自己的家园。

比之前朝，明代更加重视文化教育，从中央政府到地方官员，都积极提倡、热心发展教育，书院、学堂林立，为当地培养了大量的人才。因此，明代海南迎来了文化礼教上的高峰，明朝海南岛上可谓人才辈出。明代海南共诞生进士62名，举人594名。先后涌现了如海瑞、丘濬、薛远、邢宥、汪浩然、廖纪、胡濂、唐胄、钟芳、梁云龙、王弘诲等这样的人才。

清代，清政府发布的《敕开垦琼州荒地》指令，促进了我国大陆移民进入海南岛。加上闽、粤东地少人多，迫使他们不得不搬迁到资源丰富的海南岛。这些移民中，闽地以莆田、漳州、泉州、兴化为多。粤地惠、潮、嘉等不少客家人也搬迁到海南岛。

到了清代，经历了唐代、宋代、元代、明代四个朝代从阿拉伯、占城和内地等移居海南的穆斯林，在海南岛上已经形成了有特色的民族居住群落，他们集中到海南最南端的三亚而住，形成了天涯海角边上羊栏地区穆斯林聚集地。

到清代,海南文化融合发展达到了一个新的高度。随着不同类型文化的不断传入,海南岛逐渐形成了一个多元文化交融的格局。海南话、黎语和客家话、回辉话等方言在岛上共存,丰富了海南的语言文化。佛教、道教、伊斯兰教和基督教等宗教在海南岛上并存,形成了独特的宗教文化景观。教育方面,清代海南的教育事业也得到了较大的发展。许多书院和私塾在海南岛上建立,传播儒家文化,培养了一大批人才。清代海南科举虽然不及明代辉煌,但也诞生了31名进士和200多名举人。张岳崧取得进士及第一甲第三名(探花)的成绩。海南学子们在科举考试中取得佳绩,为海南文化的发展作出了重要贡献。

(六)民国及其之后的移民

清末民初,海南兴起了一波向海外移民的浪潮。一些华侨在居住国事业有成了之后,返回海南,并在海南对农业、工业、商业多个产业进行投资。他们凭借在海外积累的生产技术与管理经验,为海南的经济发展注入了动力。华侨群体通过商贸活动的频繁开展,不仅丰富了海南与国际的经济交流,还促进了双方市场的深度对接。

此外,华侨还积极投身于海南的公路、桥梁、港口等基础设施建设,为海南的经济发展奠定了基础。华侨还慷慨捐资,兴办学校、图书馆等文化设施,提升了海南的教育质量与水平。

海南华侨还将海外的建筑风格引入家乡,建造了一批融合南洋风格和家乡风格的建筑,这种建筑风格的交融为海南的文化内涵增添了新的元素,使其更加丰富多彩。同时,海南的文化也随着华侨的足迹传播到异国他乡,海南的饮食文化、民间信仰等文化元素在海外落地生根。华侨文化丰富了海南的文化内涵,促进了海南文化的多元化发展。

20世纪50年代以来,为了加强海南的国防建设和经济建设,中央决定派遣生产兵团南下海南岛。这些来自全国各地的军人和劳动者不仅带来了先进的生产技术和管理经验,也带来了各自地区的文化特色和生活习俗。他们在海南岛的土地上辛勤耕耘,不仅推动了海南的农业、工业和其他产业的发展,还促进了不同地域文化的交流和融合。

1988年海南建省并设立经济特区后,鼓励全国各地的人才来海南工作和生活。这一政策吸引了大量来自不同背景、不同领域的优秀人才来到海南。这些知识分子带来了先进的科学技术、文化知识和管理经验，他们与海南本地居民相互学习、相互影响，共同推动了海南的经济社会发展。同时，他们也把祖国各地的风土人情、饮食习惯等文化元素带到了海南岛，使得海南的文化更加丰富多彩、包容并蓄。

此时正逢海南自由贸易港建设的时刻，优惠的政策、良好的环境吸引国内外的游客、经商者、文化名流、专家等进入海南岛，他们在海南岛这个空间交汇、交流，碰撞，促进海南文化更加向多元化融合，这份未完待续的活力与变迁，正逐渐成为海南新的历史篇章。

总之，不同移民对海南文化的构成起着关键性的作用。海南史前时期开始黎族人就在海南岛上生活，并在此繁衍生息，创造了灿烂的黎族文化。秦代开始有人员流入海南岛。从汉代到清代，汉族人不断迁移到海南岛，他们带来农业技术、商贸经验等，促进了海南经济发展，他们建立了学校，传授中原文化，促进了海南的教育和文化发展。在唐、宋、元、明时期，回族人相继迁徙至海南岛；明代，苗族也迁入海南岛。这四个民族的文化在相互碰撞的过程中逐渐融合，并在南洋文化的交流以及海南解放后多种文化的催化下，共同孕育出了海南独特的多元文化特质。未来，随着海南自由贸易港建设的不断深化和对外开放格局的持续扩大，海南的文化将继续彰显其非凡的魅力和蓬勃的活力。

第三章　海南主要历史人物

外来杰出人物和本土贤士名流在海南的历史中交相辉映，共同书写了一段段传奇故事。他们或开疆海南，或促进海南民族团结，或开展教育、传播文化，对海南的政治、经济、文化等方面起到积极的作用。

一、古代外来人杰

（一）伏波将军：开琼伟业，传颂千古

伏波将军即路博德和马援两位将军，因他们平南越、震海南的时间有前后之分，前者称为前伏波将军，后者称后伏波将军。二人相继抚平动乱，威震南越，辐射海南岛。他们对海南有开疆之功。海南人民建立伏波庙纪念二位将军，表达他们永远铭记两位伏波将军对海南的卓越贡献。

1. 路博德

路博德，西汉西河平周人，是汉武帝时期的著名将领，曾随霍去病抗击匈奴，他在汉元狩四年（前 119 年）因立功被封为“邳离侯”，升迁“卫尉”。

在赵佗征服百越、兼并桂林郡和象郡之时，北方刘邦和项羽争霸，最后刘邦获得胜利，建立了西汉。刘邦励精图治，发展经济，利用多种手段巩固政权，对南越国采取招抚政策。汉高祖时期，西汉派使者出使南越，说服赵佗归附汉朝。赵佗接受汉王朝招抚，被封为“南越王”，相当于汉

朝承认了赵佗对南越统治的合法性。

南越国赵佗死后，南越国日趋衰败，到第四代南越王赵兴继位时，汉朝正值武帝刘彻在位经过数十年的休养生息，已经是经济发达、文化昌盛的强国。

元鼎四年（前113年），汉武帝派使者安国少季到南越国规劝南越王赵兴和太后樛氏入朝长安。赵兴之母太后樛氏为中原人，赵兴和樛氏对归属中原汉王朝有强烈的愿望，但受越人出身的老相国吕嘉所代表的南越国部分朝臣的阻拦。汉武帝意欲除掉吕嘉等人。吕嘉等人意识到汉武帝意图，于是发动政变，将南越王赵兴、太后樛氏以及汉朝使者安国少季杀了。他立第三代南越王赵婴齐的庶长子术阳侯赵建德为王，并派兵抵抗北来的韩千秋一行，消灭韩千秋一行的两千余人。吕嘉把汉朝符节装进盒子，放到边界上，表明他对抗汉王朝的决心。吕嘉的行为激怒了汉武帝，因此汉武帝大规模派兵南下平定叛乱。

元鼎五年（前112年）秋，汉武帝任命卫尉路博德为伏波将军，主爵都尉杨仆为楼船将军。他们率兵十万，分两路讨伐南越王赵建德和相国吕嘉。路博德足智多谋，威震四海，杨仆骁勇善战，但生性残酷。二人南下平乱，所向披靡。在番禺会师，两人分别从东南面、西北面向番禺城内进军，形成包围之势，但二人对待越地和越人的方式完全不一样。杨仆打败越人后，纵火烧城，对待俘虏也是随意杀害。路博德则采用心理战术，派士兵到城内招揽想投降汉朝的越人，并赐予投降的南越士兵印信，让手持印信的士兵再回到城里招降其他士兵。越人平时就听闻路博德将军的大名，当他们听说他驻扎在城西北时，纷纷到大营投降。城里南越王和相国吕嘉见大势已去，就率领亲信乘船向南逃亡。路博德从投降者处得知吕嘉逃遁的信息，派人追踪。于元鼎六年（前111年）斩获吕嘉首级。

平定南越后，汉武帝在其属地划分出了南海、苍梧、郁林、合浦、交趾、九真、日南、儋耳、珠崖九郡，隶属交州统治。其中珠崖和儋耳郡就在海南岛上。珠崖郡因此地盛产珍珠而得名。儋耳郡之名则来源于当地人佩戴耳环，而且耳环之多之大，导致走路时不方便而倒扣在脑袋上，因长期佩戴这种大耳环，使得当地人的耳朵都被拉垂到肩膀上。儋耳郡的命名非常形象。在海南设郡后，汉武帝派官员管理海南。

海南建置郡县，标志着海南岛正式纳入中央王朝的直接统治区域，这是海南封建化的起点。汉王朝官兵入驻海南岛，对海南的生产、政治和文化都带来了重要影响。先进的生产工具和生产方式随着官兵和其他移民到来,促进了当时海南“刀耕火种”的原始生产方式向中原地区先进的铁犁牛耕生产方式转化。设郡加强了海南岛与大陆的来往,海南岛的特产也随之运到大陆进行交易,促进了海南经济的发展。海南的越人与从中原移入的汉人在不同的族群文化之中融合,文化由一元格局转向多元格局。另外,汉朝在海南设郡,拓展了中原王朝的疆域,为之后的历代王朝对海南的统治和管理奠定了基础,西汉朝廷也派地方官员巡视南海一带水域,维系了在海南岛南部的西沙、中沙及南沙诸群岛及其邻近海域的主权,巩固了中国南疆的领土完整。

2. 马援

马援,字文渊,生于公元前14年,扶风郡茂陵人(今陕西茂陵)。他有勇有谋,是不可多得的将领。马援长期征战或防守,他多年跟西部羌族人打交道,有丰富的跟少数部落作战的经验。

西汉末年到东汉初年,交趾郡和九真郡的太守苏定对郡内实行一系列推动政治、经济和文化发展的措施。但他逐渐改变了交趾作为初郡无赋税的制度。他让百姓缴纳赋税,推行汉王朝的赋税制度,越地除了要贡献物产外,还要缴纳赋税,这使得享有权力的交趾将领不愿纳税。苏定使用汉朝法令,将反抗者绳之以法。这种行为激化了当地人与官府的矛盾,这种矛盾到诗索被杀时达到顶峰。

徵侧是交趾郡人,其父亲是部族首领,她生性强悍,雄勇不羁,是部族有影响的人物,她嫁给诗索为妻。其妹徵贰也是自幼习武,在部族中很有威望。《后汉书》记载:徵侧“所为不法,太守苏定绳之以法”。徵侧不服判决,与其丈夫诗索反抗苏定的统治。苏定为了维护自己的尊严和威信,杀死徵侧的丈夫。建武十六年(40年),徵侧和其妹徵贰带领部族人起兵反抗汉王朝的统治,任其妹妹徵贰为大将,这就是历史上的“二徵造反”。

随着事态的严重,汉光武帝一面派人捉拿交趾太守苏定,平息交趾郡百姓的怒气;一面命马援出兵岭南平定动乱。建武十八年(42年)伏波将军马援与副手乐侯刘隆、楼船将军段志率兵向南出发。因马援作战英勇,汉光武帝封马援为伏波将军,希望他像路博德一样,过关斩将,降服波涛,取得南征的胜利。

队伍到达合浦郡从海路进军交趾时，楼船将军段志因病去世。朝廷下令由马援一并统帅段志的水上军队，共计两万人。他们所到之处有些地方没有道路，军队将领和士兵要边行军边修路，这支北方来的队伍初到南方，潮热的气候还没适应，还要夜以继日行军和修路，其中的艰辛可知。水兵所到之处遇到河流淤堵，还要疏通河道。广西乌蛮滩是历史上著名的险滩，过往船只在此经常遇到危险，人们将其视为鬼门关，而乌蛮滩又是水上通往交趾的必经之路。马援向当地百姓了解滩情，根据情况，以铁船洗滩，疏通河道，后人为了纪念马援在乌蛮滩畔建了伏波庙。

建武十八年（42年），马援的部队与二徵的主力相遇于浪泊（今越南仙山）。双方展开激战，二徵的队伍支撑不住，败下阵来。二徵落荒而逃，汉军乘胜追击，一路斩获首级千余，归降人数达万余人。攻至交趾城下，城池被汉军团团围住，二徵知道难以死守，只好弃城逃往金溪（今越南永福省安乐县），在一处比较险固的山洞拥兵自守，想等到汉军粮食用尽自动退兵。

二徵所选之洞，空穴深邃莫测，洞中有洞，四周群山连绵，山势陡峭，只有一个隘口可入，易守难攻。马援看到这样的地形和山貌，没有贸然进攻，他认为只能智取。经过考量，决定在洞口周围筑起大栅栏，将洞口严密包围起来，开始长期的拉锯战。二徵以为汉军无法攻克，肯定会撤退。而且洞中有足够的粮食，可以支撑一年之久，只要坚持严守，到最后就可以解围。谁料直到岁末也不见汉军撤退，而洞中粮食已经所剩无几，二徵只好拼命冲出。但对于守株待兔的汉军，二徵的行为无疑是自投罗网，二徵舍命拼杀但最终被擒住，并被斩首。马援派人将二徵首级送往国都洛阳，光武帝大喜，封马援为“新息侯”，享受三千户食邑。

在收回交趾郡后，马援在政治和经济上对此地采取了一定的措施，他对照汉朝法律政策、当地的法律条款和越地的习俗，对治理规则中的一些内容做了修改，整理出适合越地治理的法律条文，在越地重新颁布法律。这些举措有利于加强东汉中央王朝对交趾地区的统治，有利于推动交趾地区的经济发展。

在交趾郡平稳后，马援和刘隆率领二万余人，两千艘战船，横扫二徵叛军余党，荡平九真、日南、合浦诸郡。他仿照对交趾郡的管理，加强汉王朝对越地的统治。马援每到一个地方，就命人修城郭，教人们开通水利灌溉农田，此举大大促进了越地的农业生产。马援班师回朝之前，在交趾象林设立四铜柱作为边界，在铜柱上刻下："铜柱折，交趾灭"，意思是如果铜柱折断了，那么交趾就要灭亡。这一举措不但划定了汉朝的边界，而且对那些企图分离的越人有威慑作用，避免了当地民众与地方政府发生更大的冲突，延缓了汉族和其他民族之间再次发生战争。

而平交趾后，马援领导的队伍，有支队"缘海南进"，到达海南岛，因马援的威名，地方上不少贤达人士"慕义而归"，希望重新归属汉王朝的治内。马援因此向汉王朝申请设立珠崖县，使得废弃89年之久的珠崖再次回归到中原王朝的治下。

现存于海南的汉代铜鼓和鼎，是当时军队到海南后留下的痕迹。马援的属下学习马援，结合实际情况，治理所经之处。他们带军队修城郭，兴修水利，为当地社会的安定和发展做出了贡献。中原地区先进的生产工具、生产技术以及文化思想再次传播到海南岛，大大促进了海南政治、经济和文化的发展。

3. 名垂青史

南征，让两位伏波将军威震岭南，作为岭南组成部分的海南当然也受到辐射。现在，海南岛上还留有很多伏波庙，民间还流传着很多关于马援的传说。一些文人墨客在了解了伏波将军的感人事迹后有感而发，写诗文讴歌颂赞。

宋代苏轼被贬海南，在儋州生活三年，写了《伏波将军庙碑》：

> 汉有两伏波，皆有功德于岭南之民。前伏波邳离路侯也，后伏波新息马侯也。南越自三代未尝有，秦虽远通置吏，旋复为夷。邳离始伐灭其国，开九郡。然至东汉，二女子徵贰、徵侧叛岭南，振动六十余城。时世祖初平天下，民劳厌兵，方闭玉关，谢西域，况南荒何足以辱王师？非新息苦战，则九郡左衽至今矣！推此论之，两伏波庙食于岭南，均矣。古今所传，莫能定于一……海上有伏波祠，元丰中，诏封忠显王，凡济者必卜焉……四州之地，以徐闻为咽喉，南北之济者，以伏波为指南，事神其可不恭？[①]

① 戴熺、欧阳灿、马镛：《琼州府志》，海南出版社，2003，第800页。

苏轼肯定了两位伏波将军开拓岭南的功绩。说到前伏波将军有开九郡之功劳,后伏波有保之战绩,因其功劳,被朝廷诏封。过海的人过海前必到庙中占卜,祈求过海平安。

现存于五公祠景区内的伏波庙,庙(祠)门上有这么一副对联:

两汉将军抚国丰功昭万古,
二朝人物安民大德耀千秋。

这是对伏波将军功绩的充分肯定。伏波祠与苏公祠、五公祠这两栋建筑并行排列,足以彰显两位伏波将军在海南的历史地位。

海南岛其他地区,也有大大小小的伏波庙,这些庙宇大多以祭祀马援将军的为多。东方市十所村有伏波祠,儋州市、临高、澄迈和琼山等处皆建有伏波庙。历史上有功德之人被官府嘉奖,百姓铭记。两伏波将军庙宇在海南的分布,表明海南人民对这两位历史上曾经推动他们历史进程和文化发展的人物表示衷心的感谢和仰慕。

儋州白马井在距离海边 50 米的地方,有一座伏波古庙和一口伏波井。相传东汉时期,马援南征时,军队到达海南岛,到达儋州西部储英里一带沿海。他们只见白沙千里,烈日暴晒,野草枯黄。将士们的嗓子干渴得直冒烟,寻找水源而不得,伏波将军的白马冲到一处,挖刨白沙。一股清流从蹄下涌出,泉水清澈甘甜,将士痛饮清泉,解除饥渴。后人就在此地挖井取名白马井,这个地方也因此得名为白马井,并在井旁建有伏波庙,以纪念马援将军。现在白马井的伏波古庙和白马井已经成为旅游观光的著名景点。

从历代文人的诗文,以及民间传说故事中,我们可以看出海南人对两位伏波将军的敬仰。无论两位伏波将军是否来到过海南岛,海南的伏波庙、伏波将军的传说和诗文都建构了海南的伏波文化,更表达了海南人民对伏波将军的崇敬之情。

(二)冼夫人:巾帼英豪,琼州传奇

从汉代开始,中央政府计划将海南作为独立的辖区进行治理,并为之做了一些军事上的部署以及政治上的措施。但由于多种原因,海南自汉代设郡以来 700 多年,几乎始终处于脱离中央政权直接管理、较为混

乱的状态。这个状态直到南朝后期梁陈冼夫人时代,中央政府与海南的关系才有所改变。

1. 久乱不统见英雄

南北朝时期的梁朝,古高凉郡地(今天的广东阳江、茂名一带)一位南越首领家出生了一个女婴,这个女婴就是冼英,被后人称为冼夫人。冼家世代为南越首领,是南越高凉郡的一个显赫家族。这个家族拥有10万多户,60万人口,凭借几代人积累的威望以及强悍的队伍,被人称为"俚人"。据《隋书·谯国夫人传》记载,"谯夫人者,高凉冼氏之女也。世为南越首领"[①]。传记中并没有记载冼夫人的诞生日,但据有关史料记载,冼夫人生于约公元512—602年。冼夫人自幼贤明,在做女儿时就表现出杰出的领导才能和过人的智慧。冼夫人父亲所在的越地,人民向来喜欢争斗。夫人常随父兄出巡,每每遇到民间纠纷和械斗之类,都要劝诫族人,帮助他们调解纠纷,为父兄管理族人出谋献策,表现出超强的政治智慧和亲和力。关于冼夫人在少女时期的传说典故是很多的,传说她与高凉山的大榭王比武斗法,一剑劈开一块大石头,将此人制服,勇武无比;冼夫人的哥哥冼挺任凉州刺史,长期欺压百姓,掠夺人民,欺负弱势的部族,惹得人们怨声载道。其父和族里老人劝阻,冼挺都不听,冼夫人耐心地给他讲解道理,分析利害。在冼夫人的努力下,冼氏家族的治理走向怀柔安抚,部族之间的矛盾逐渐减少。她在23岁时被各部族推荐为大首领,她的威名震慑南越,南越地区部落归顺者众多。

此时,梁朝的罗州(今化州)刺史冯融,在政治上很被动。冯家本是五胡中北燕王的后裔,437年北燕(今河北一带)被北魏击败,燕王冯弘一边投靠高句丽,一边安排儿子冯业带300部属乘船南下,投奔宋王朝,被安置在新会郡,冯氏血脉由此得以流传。第三世孙冯融出任罗州刺史,其子冯宝任高凉郡太守。冯氏作为外来官员,在岭南地区的威望有限,在俚人地区的治理得不到大多数人的拥戴,政治地位十分尴尬。冼夫人的威名以及冼氏家族的威望可以给冯氏家族在政治上带来好处,因此求娶冼夫人则成为冯氏家族扭转政治尴尬局面的关键,于是派人前去求亲。冼夫人因自己如日中天的威名,在族人中很难找到能与自己相配

① 魏徵:《隋书》卷八十,中华书局,1973,第1800页。

的同龄男子，因此王族出身的冯宝是不错的人选。这样的结合对两个家族都有好处，于是促成了冯宝和冼夫人的婚事，此后冯氏家族通过这层关系与地方部族势力结为联盟。冼夫人卓有成效的教化工作，使俚人改变了对汉官的民族偏见，并把他当作本族首领来看待，改变了冯氏家族以往“号令不行”的状况。冼夫人与冯宝的结合虽是政治联姻，但好在他们二人也相敬如宾，相处比较融洽。冼冯两家的威名在岭南地区震慑了几百年。

冼夫人在婚后成为冯宝不可或缺的辅助者，她一方面协助冯宝处理郡中各项事务，另一方面致力于在俚人群体中传播中原汉人先进文化和礼教制度，促进文化交流和融合，推行各种政令。她积极推行各种政令，确保政策在民众中的有效执行。冼夫人告诫和约束族人，严格遵守朝廷所颁布的礼仪律令，亦诚恳规劝亲人和族人，切勿恃强凌弱进行任何形式的掠夺行为。首领中有人违法一样会遭到惩处，即使是亲戚也不纵容。在夫人的治理和监督下，民间纠纷和怨恨减少，她的威名也传到海南俚人耳中，当时海南俚人非常敬佩冼夫人的德行，慕名归附她的有1000多峒(相当于今天几千个村庄，占当时海南岛居民的绝大多数)。

冼夫人了解到海南岛自撤郡之后，数十代帝王未曾再设州郡，导致政治上与中原政权难以统一，中原地区先进的生产技术与文化因此未能传入海南岛。海南岛在经济上显得贫瘠落后，文化层面也显得闭塞蒙昧。为此，冼夫人决定从政治层面着手，解决海南长期被边缘化的问题，来促进国家统一和民族团结，进一步推动社会的稳定以及经济文化的发展。539年，冼夫人以南越部族首领的身份“请命于朝，置崖州”①，同时陈述了其中的利弊和自己的决心。梁武帝被冼夫人的忠心和赤诚感动。批准了她的请命，在海南岛设立崖州，统属广州都督府，并委任她全权负责管理。冼夫人让族人推荐优秀人才，经她亲自考察才能被任用为官吏管理各县，海南岛结束了几百年来与中原时分时合的局面。自此，海南岛正式被纳入中央治理体系。

梁末，侯景发动叛乱，广州都督萧勃征集兵力援助台城。梁朝政权危在旦夕，始兴刺史陈霸先②北上与叛军对决。而高州刺史李迁仕采取按兵不动的策略，扼守大庾岭要道隘口，意图寻找战机。同时，他

① 海口市地方史志办公室：《冼夫人研究文集》，海南出版社，2009，第419页。
② 陈霸先：六朝时关兴人，字兴国，初仕梁，为始兴太守，与王僧辩讨平侯景乱，以战功累迁至相国封陈王，遂废梁即帝位，国号陈。

暗中遣使至高凉，邀请冯宝至州府共商事务，企图诱使冯宝参与其反叛图谋。然而，冼夫人洞察了李迁仕的阴谋，劝导丈夫冯宝保持冷静，静观局势变化。当李迁仕的主帅率兵转移至江西参与作乱之际，冼夫人率领千余人，徒步携带物资，以献礼之名进入高州城，与丈夫内外夹击，成功击败李迁仕的守军。因了解到陈霸先的卓越才能和深得民心，冼夫人于是北上与陈霸先会合于赣石，与丈夫商定率领部下成就陈的事业。

558 年，冯宝去世，陈霸先创立的陈朝刚刚取代梁朝，岭南各地烽火遍起，冼夫人派遣亲族一部分迁居海南，巩固后方；另一方面游说各州人民，帮助陈朝统一岭南。当时冼夫人在广东西南，统领汉黎（俚）部落 10 余万户人，在海南统领 10 个县，在她的感召下，黎汉两族为共同开发海南岛作出了巨大贡献。

569 年，广州刺史欧阳纥勾结周边部族意图起兵反陈。公元 570 年，欧阳纥假借商议军事之名，诱召冼夫人之子冯仆，并将其扣押为人质，企图胁迫冼夫人加入其谋反行动。然而，冼夫人坚守立场，不为所动，毅然发兵与陈朝军队共同围剿叛军，成功消灭了以欧阳纥为首的割据势力，并成功解救出冯仆。冯仆因为夫人的功劳，被封为信都侯加平越中郎将，后转任石龙郡太守。陈武帝还诏令使者拿着符节册封夫人为中郎将、石龙太夫人。

589 年，隋军发起对建康的进攻，陈朝覆灭。隋文帝为稳定岭南局势，派遣总管韦洸前往安抚。陈朝将领徐璒在南康地区构筑防线，坚决抵抗。韦洸抵达岭南后，面对复杂局势，显得迟疑不决，始终未敢贸然推进。晋王帝杨广命令已被俘虏的陈后主向冼夫人传达陈朝已亡的消息，并劝其归附隋朝。作为凭证，杨广还附上了冼夫人赠予陈朝君主的扶南犀牛拐杖和符节。冼夫人见到犀牛拐杖后，确认了陈朝的覆灭，随即召集首领和民众数千人，共同为国家的沦亡而痛哭。随后，冼夫人派遣其孙子冯魂率领民众，迎接韦洸进驻广州，使得岭南地区得以平稳过渡。因为冯魂在此过程中的贡献，隋文帝对其进行了表彰，并给予与三司相当的待遇。同时，冼夫人亦因其功绩，被册封为宋康郡夫人。

590 年，王仲宣在广州举兵意图反抗隋朝统治。此举迅速引发了岭南地区部族首领的广泛响应。冼夫人派遣其孙子冯暄领兵，支持隋朝政权。因冯暄与部落首领陈伟智关系密切，按兵不举，冼夫人于是将其投入狱中，另派孙子冯盎出战，斩了陈伟智，进抵广州与隋军会合，打败王仲宣,平息了动乱。胜利之后,冼夫人不顾70多岁高龄,领隋朝官员安抚岭南诸头领,岭南一带的局势终于稳定下来。中国经过南北朝的动荡时期,终于再次回归统一的状态。

有感于冼夫人的归附,隋文帝特追赠其夫冯宝为谯国公,并册封冼夫人为谯国夫人,同时赋予其开设幕府、调配管辖区内兵马之权。在地方紧急情况下,冼夫人可不必等待中央命令,先行处置。隋文帝还以文字形式表彰冼夫人的功绩,并分别任命其孙子冯盎和冯暄为高州刺史和罗州刺史。冼夫人将梁、陈、隋三朝所赠之礼物分别妥善储存,每逢重要集会时便陈列展示,并对子孙们郑重教诲:"汝等宜尽赤心向天子,我事三代主,唯用一好心。近赐物具存,此忠孝之报也,愿汝皆思念之。"其言下之意,即表达了她对三位君主侍奉的赤诚之心,以及朝廷对她忠诚之心的肯定与回报,并期望子孙们能继承并践行这份忠诚与孝心。

晚年的冼夫人,受命招抚,她所到之处,都听命归顺。隋文帝将海南临振县(今三亚)1500户的赋税赠予冼夫人,追赐其儿子冯仆为崖州总管。仁寿二年,冼夫人去世,隋文帝赏赐办丧事的绸缎1000段,并追赠她为诚敬夫人。

2. 冼夫人功照千秋

冼夫人不仅为海南岛带来了安定与和谐,更是推动了其繁荣与发展。冼氏家族与汉人官员交流频繁,作为俚人的冼夫人自幼接触中原文化,对中原文化持有理性且开放的态度。她积极组织移民开发海南岛,在政治上推行民族团结政策;在经济上积极推广中原先进的生产劳动技术;在文化上积极推行教化,宣扬中原汉人的文明。在闭塞落后的海南与相对先进发达的内地之间架起了桥梁,中原文化在海南得到了较广泛的传播,促进了汉、黎等民族文化的融合。由于冼夫人的开明政治,她本人得到了海南的民心。从冼夫人建议设崖州起,到她的孙子冯盎在海南设立3州12县止,其与其孙子管辖海南的110年间,海南的社会是安定的,几乎没有发生过大规模的反抗、叛乱事件,海南各方面得到了巨大的发展。冼夫人死后,海南人立祠庙纪念之,塑其像以供祭祀。

海南岛上的冼夫人庙宇很多,民国以前的地方志就记有51座,当然这些不包括后来修建的,以及尚未登记在册的,这些庙宇涉及海南至少9个县。庙中有单独供奉冼夫人的,也有供奉多个主神的,冼夫人在海南民间被直接称为冼夫人或冼太夫人、谯国夫人、诚敬夫人、懿美夫人、郡主夫人，更简单一点是称其为婆祖的。

在这么多的庙宇中，海南最早的冼夫人庙，是儋州中和镇的宁济庙。据推断，此庙建于唐代，最初应该是人们有感于冼夫人的功绩而建造的。明代正德《琼台志》第二十六卷《坛庙》载：

> 宁济庙，在州治南，祀谯国夫人。夫人在梁时，儋耳归附者千余峒。及没后，于儋又有移城之功，故唐宋来州人庙祀之。[①]

苏轼被贬到海南，曾居住于儋州中和镇，听说中和镇有宁济庙，因此特意准备贡品来祭拜，并写下了《冼庙》一诗：

> 冯冼古烈妇，翁媪国于兹。策勋梁武后，开府隋文时。三世更险易，一心无磷缁。锦伞平积乱，犀渠破余疑。庙貌空复存，碑版漫无辞。我欲作铭志，慰此父老思。遗民不可问，偻句莫予欺。犦牲菌鸡卜，我当一访之。铜鼓壶卢笙，歌此迎送诗。[②]

苏轼从政治历史的角度对冼夫人做了评价，抒发了文人的情怀，该诗对冼夫人护国安民的功德倍加称赞。

经历了上千年的历史，冼夫人从历史英雄人物演变成了海南民间的保护神。当人们在庙中祭拜冼夫人时，也在追思冼夫人的业绩和贡献。

虽然没有史书明确记载冼夫人来到过海南岛，但是现在海南民间还流传着冼夫人的传说。如冼夫人在海南时，为解救被广州来的欧阳姓官员掳去的俚女，不惜得罪官员权贵的事。又如，冼夫人到海南新坡镇时，看到当地生产力比较低下，就帮助那里的人民兴修水利，教人民学会用牛耕田。她看到驻地的梁沙坡遍地沙壤，土质瘦瘠，便主张多种蕃茨、芋头、桑叶等坡地作物，并无偿给农民提供种苗，人们的生活得到了巨大的改善。还有“帽归原主”“巧判耕牛”“驱鬼烧窑”“月下老人”等等非凡的事迹在民间广为流传。这些传说，不管是真实发生，还是人们编造附会，都能说明冼夫人生前是于国于民的英雄，也是智慧的化身。

---

① 唐胄编纂：《琼台志》卷二十六《坛庙》，海南出版社，2006，第 551 页。
② 苏轼：《补注东坡编年诗》卷四十二，第 834 页。

死后则被民间当作英雄和神灵来崇拜。祭拜冼夫人一方面是对冼夫人英雄事迹的追思纪念,另一方面是梦想得到冼夫人神灵的保护、恩佑、福泽。

今天,海南岛各地普遍存在的"军坡节",就是纪念冼夫人的节日。每到农历的二月初九到十二日,人们都要举行军坡节系列活动。仪式中的"装军"活动就是模仿冼夫人军队出征的情状。其中,海口市新坡镇的"装军"最为隆重。每年二月初十,由村中青壮年扮作士兵,手举旌旗和各种武器,敲锣打鼓在前,行军队伍在后,绕村行走一周,回到庙前空旷地带进行操兵演练。在军坡节的这四天,人们把蕃茨、芋头、韭葱、桑叶、橘叶摆在大路上,表示不忘冼夫人对他们的帮助,通过在路边摆放这些东西,期待冼夫人再来检阅,以此表示对她的怀念。冼夫人随着传说故事、庙宇和军坡节,活在海南人的集体记忆中,永远镌刻在每一代海南本地人的心灵上。

(三)海南贬官:流芳百世的贬谪传奇

唐代,随着大量汉人从中原或南方地区迁徙至海南岛,封建统治者在岛上设立了崖州、琼州、振州、儋州、万州等郡县,加强了对海南的封建统治,海南的经济、文化亦有所发展。但海南仍被视为偏远落后、烟瘴荒蛮之地,它成为唐代流贬官宦的重要去处之一。至宋代,流贬至海南的官宦数量达到高峰,明代亦陆续有贬官抵达海南岛。对他们而言,被贬至海南无疑是不幸的,但对海南而言,却是幸事。这些贬官的到来,将中原文化带到了偏远的海南岛,他们的作为对海南的经济和文化发展产生了积极的推动作用。

1. 杨纶——第一个被贬海南的人

尽管海南在隋代以前已有贬谪至此的人员,但据文献记载,确凿可考的流贬官员为隋代的杨纶。作为历史上明确记载的首位海南流贬官员,杨纶贬谪的根本原因可归结于隋炀帝的"恩泽浅薄,多存猜忌"。若深入探究其内在缘由,则需追溯至其父杨瓒的背景与事迹。

杨瓒与隋文帝杨坚是同父同母的兄弟,其父杨忠因卓越军功,受北周皇帝册封为竟陵郡公。杨忠膝下五子,长子杨坚、次子杨整、三子杨瓒,此三人均为嫡出,同母所育。而四子杨嵩与五子杨爽,则为侧室所出。杨瓒仪表堂堂,家世显赫,因此备受北周武帝宇文邕的青睐,宇文邕将胞妹顺阳公主许配给杨瓒,并册封其为邵国公。杨瓒,以其文雅之气质和好学之精神,广泛结交名士,并在其中享有崇高声誉。因其俊朗之貌,风度翩翩之姿,且在家中排行第三,被尊称为“杨三郎”。当时,北周武帝深感其忠诚与能力,因此在外出征伐时,将后方事务全权交付于他。对于武帝的这份深厚信任,杨瓒亦以忠诚与尽责予以回报。在宇文邕沙场暴毙、朝政局势发生剧变之际,作为北周隋国公的杨坚其权势在朝中日益膨胀,他野心勃勃,意图称帝。

在隋文帝杨坚的登基之路上,他曾拉拢其弟杨瓒,并许以高官厚禄,但杨瓒因担心受牵连而选择与杨坚保持距离。尽管缺乏兄弟的支持,杨坚仍成功登基,成为隋朝的开国皇帝。即位后,杨坚对弟弟杨瓒仍持以善意,封其为滕王,并授予雍州牧的职位,多次与其同座并亲切地称其为阿三。这虽带有利用杨瓒声望以稳固政权的意图,却也反映出杨坚相较于其他古代皇帝,其性格更显温和宽厚。这份兄弟间的表面和谐却因妯娌间的暗中争斗而破裂。杨坚之妻,亦即北周大司马独孤信的第七个女儿,因杨坚的卓越才貌而缔结夫妻。杨坚称帝后册封她为皇后,即文献皇后。文献皇后性格嫉妒,隋文帝亦难以全然驾驭其秉性。杨瓒之妻宇文氏,原为前朝公主,对隋文帝的即位及其妻的皇后地位心怀不满,认为杨坚忘恩负义,篡夺宇文家族的基业,她也受到文献皇后的压制。因此,宇文氏常在家中诋毁文献皇后,并施加诅咒,期盼其早逝。此事终被揭露,在文献皇后的强大影响力下,宇文氏被除籍。隋文帝曾建议杨瓒与宇文氏离异,但遭到拒绝,这令隋文帝对杨瓒的信任削弱。开皇十一年,杨瓒突然暴毙,其死因是一个谜。

杨瓒暴毙后,其子杨纶继承了滕王的爵位。他宽宏仁厚,仪表堂堂,堪称美男子的典范,且具备音乐才能。在隋文帝的统治时期,他并未因家族内部的兄弟妯娌矛盾而受到牵连或迫害,反而获得了隋文帝的赏识,被封为邵国公,并赐予邑 8000 户。第二年,隋文帝又任命他为邵州刺史。杨纶在任职期间,以正直和公正的态度处理政务,深受百姓的拥护和尊重。尽管隋文帝并未因为上辈人家族内部的兄弟妯娌矛盾而为难他,但杨纶仍因上辈人的矛盾而时常感到恐惧和不安。

隋炀帝杨广上位,与隋文帝的宽厚不同,隋炀帝好大喜功,企图在位时结束自东汉末年以来的战乱纷争局面,恢复大汉帝国气象。为了国家统一，把草民置身于水深火热之中；为了他的霸业，铲除危及王权的可能危机。杨纶深得民心，隋炀帝对杨纶的疑心日益加深，频繁对其施加压力。在此情境下，杨纶整日忧心忡忡，无所适从，遂求助于江湖术士王琛以祈愿消灾。此事随即遭到他人诬告，声称杨纶心怀不满并施行诅咒。隋炀帝闻讯后，立即指令黄门侍郎王弘调查此事。王弘秉承皇命，上奏称杨纶用巫蛊之术谋反，应受严惩。鉴于杨纶属于王公贵族，享有"八议"之待遇，不能随便交司法审判。隋炀帝遂召集大臣们商议此事。司徒杨素等人认为，杨纶居心险恶，其父之前已有反叛之举，其子又图谋不轨，企图颠覆国家根基，应予以严厉惩处。隋炀帝考虑到杨纶的贵族身份，不忍施以极刑，故决定将其除名于贵族之列，贬为庶民，并流放到始安（今桂林）。杨纶的其他兄弟亦被贬至边远之地。

大业七年（611年），隋炀帝亲自出征辽东，当时杨纶主动上书请命随军征讨，以尽对国家和帝王的忠诚。但事与愿违，隋炀帝将其流放到更远的海南岛。从桂林至海南岛，距离虽不甚遥远，但是此时海南岛回到中原王朝统治范围并不久，中原人对这座岛屿充满了未知与恐惧。杨纶已做好赴死的准备，携妻儿渡过波涛汹涌的大海，踏上了这座林木茂密、人烟稀少的岛屿。他在岛上度过五年之后，隋末天下大乱，大业十二年（616年）鄱阳起义爆发，首领操师乞自号"元兴王"，并封林仕弘为大将军。操师乞中流矢身亡后，林仕弘自立为皇帝，国号楚，吸引了较多豪杰的归附。冼夫人的孙子汉阳太守冯盎亦以苍梧、高凉、珠崖、番禺之地归附林仕弘。杨纶坚守个人信念，不愿归附林仕弘，遂携家人逃至儋耳。唐朝立国后，杨纶归顺大唐，封为怀化县公，他举家向北赴任，但上任不久，就因重病不治而逝。[①]

杨纶因帝王之妒忌，被贬谪至海南岛，这种情况体现了位高权重者遭受贬谪的现象。此后，海南岛亦成为众多贬官的归宿，他们或因皇帝之猜忌，或因大臣迫害，虽曾身居高位，显赫一时，却终究难逃贬谪之命运。这构成了海南贬官史中显著的特点。

2. 五公——海南人民有奇缘

今天，海口五公祠景区内的一栋名为"五公祠"的楼，就是为纪念

① 周泉根、陈曦：《海南首位贬官考议》，《海南师范大学学报》（社会科学版）2013年第3期，第95-98页。

唐宋时被贬的五位官员而建的建筑。五位官员即唐代的李德裕和宋代的李纲、赵鼎、李光、胡铨。他们或因忠贞报国、敢于作为的人格魅力，或因对海南文化的贡献或二者兼有之而被海南人民永远铭记，并立祠纪念。

（1）李德裕

李德裕（787—850），赵郡赞皇（治今河北赵县）人。是宰相李吉甫的儿子，自小有远大的理想，潜心读书。李德裕在唐代文宗和武宗时两度出任宰相。

李德裕在武宗朝会昌年间那次首相位置上，加强边防守卫，击溃回鹘入侵，抑制宦官，规劝皇帝，对科举制度进行改革，废除科举考试中的弊端，严禁佛教，拆毁寺庙并遣僧尼还俗，促进生产发展，为相期间他大刀阔斧，雷厉风行。李德裕不仅在经略国家大事上表现了“千古良相”的品格和才略，也以器业自负，明辨有风采，好著书为文，奖善嫉恶。

唐代历经宪、穆、敬、文、武、宣六朝的牛李党争历时将近40年，牛党执政是以牛僧孺、李宗闵以及身边的一帮人在朝廷里结党排他的活动，李德裕也是反对朋党之争的代表人物，他写过《朋党论》表达对朋党的反对，但还是被牛李党争牵连。李德裕第二次为相时，得到武宗的充分信任。会昌六年（846年）三月武宗去世，宣宗即位。宣宗并不喜欢李德裕，四月李德裕被罢相，以太子少保的身份分管东都。在宣宗大中元年（847年）的秋季，再次遭到贬谪，任职潮州司马。翌年，从洛阳出发，经水路穿越江淮地区，最终抵达潮州。在抵达潮阳后的短短不到四个月的时间里，再次遭遇贬谪，被调任至崖州，担任司户参军一职。随后，在大中三年（849年）的正月，抵达珠崖郡。

李德裕在遭贬谪的途中，创作了《谪岭南道中作》一诗，用以记录他在此过程中的所见所感：

“岭水争分路转迷，桃榔椰叶暗蛮溪。愁冲毒雾逢蛇草，畏落沙虫避燕泥。五月畲田收火米，三更津吏报潮鸡。不堪肠断思乡处，红槿花中越鸟啼。”[①] 诗中的毒雾、蛇草、沙虫等显然都别有所指。思乡的主题更是一以贯之。

还有一首《登崖州城作》的题咏：“独上高楼望帝京，鸟飞犹是半年

① 曹寅、彭定求等：《全唐诗》卷475，上海古籍出版社1986。有人认为这是李德裕贬谪潮州路上所作，但从诗中如“桃榔椰叶”“畲田火米”等物事看，当是岛上所作。

程。青山似欲留人住，百匝千遭绕郡城。”[①]环绕郡城的青山恰似愁肠百结，亦似羁族人回乡的铁链，所以只能无奈地用远望当还乡了。

这种流贬岁月、羁旅愁思让他华发催生，他在《岭外守岁》一诗中写道：“冬逐更筹尽，春随斗柄回。寒暄一夜隔，客鬓两年催。”[②]

李德裕在崖州的生活很困顿，他的书卷财货早在被贬到潮州时，因舟船损坏落入滩中不能打捞，积蓄荡然无存。到海南岛更是困难，因身份敏感，无人救济。好在他的表弟某侍郎姚部，派人给他送衣物和物资，但这样也无能挽回李德裕走向生命的尽头。大中四年（850年），这样一个身怀文韬武略的千古良相与世长辞，时年63岁。

李德裕在海南岛只生活了一年的时间，这一年也是他备受煎熬的一年。但是他留下了大量诗文，他对海南文化产生了积极影响，他的事迹和贡献至今还成为海南人民的口碑，五公祠的五公，他位列第一。

（2）李纲

李纲（1083—1140），邵武（福建邵武）人。北宋政和二年（1112）进士。累官位至监察御史。金兵南下直逼北宋京都开封，朝廷混乱，李纲刺臂血上疏劝徽宗禅位太子，宋钦宗得以上位。李纲上疏奏请消除外患，坚决主战，钦宗采纳并委以重任抗击金兵。李纲亲自督战，击退了金兵。高宗即位后，任命李纲为尚书右仆射兼任中书侍郎，并让其主管抗金。但李纲遭投降派的诬陷和排挤，建炎元年（1127年）被降职，居住于鄂州。建炎二年（1128年）十一月初一，又被任命为单州团练副使，搬到万安军（今海南万宁）安置。

建炎三年（1129年）秋，李纲南下到了雷州，准备渡海到海南。适逢海南黎族发生起义，因此直到起义被平定，李纲才到达海南岛的琼州。他在琼州停留三日，尚未抵达万州之际，就接到了朝廷赦免的消息。此后他又在琼州逗留几日，十二月五日北归。

李纲，因坚定的抗金立场而遭受贬谪海南，其为社稷与百姓之安危而抗争的精神，跨越时空，影响深远。海南民众为表达对忠良之士的崇高敬意，特将其列入“五公祠”之中予以纪念。尽管李纲在海南停留时间短暂，但关于他的民间传说却广为流传：东山岭，被誉为“海南第一山”，曾是李纲被贬后所属的万安军属地。据传，李纲在遭遇贬谪后，内

① 曹寅、彭定求等：《全唐诗》卷475，上海古籍出版社1986。

② 曹寅、彭定求等：《全唐诗》卷475，上海古籍出版社1986。

心悲痛，曾至东山岭，欲在潮音寺出家为僧，然寺中高僧婉拒其请求，并预言其将获得朝廷赦免。数日之后，李纲果然获得朝廷赦免，这一传说也为“东山再起”这一成语赋予了深厚的文化内涵。

时至今日，东山岭半山腰之上，仍屹立着李纲的塑像，潮音寺内亦供奉着李纲的牌位。尽管李纲未曾真正踏足万安军，但东山岭与其传说紧密相连，这恰恰体现了海南人民对李纲的深厚情感与崇高敬意。

李纲南下写了不少跟海南相关的诗篇。他到达琼州时，想起苏东坡“兹游奇绝冠平生”的诗句，不由写诗云：“满天星月光芒碎，匝海波涛气象雄。”“老坡去后何人愁？奇绝斯游只我同。”表达了对苏东坡的同情以及对自己处境的担忧。到达琼州，写下所见“民居皆在槟榔木间，黎人出市交易，蛮衣椎髻，语言兜离不可晓也”。

这些诗文作为珍贵的文化遗产，为后世记录了海南当时的自然风景与民俗风情，为海南留下了宝贵的精神财富。

（3）赵鼎

赵鼎（1085—1147），解州闻喜（今山西闻喜）人。宋徽宗崇宁五年（1106 年）进士，累官至河南洛阳令。高宗即位（1127 年），任命他兼任户部员外郎、司勋郎官的职务，又提拔为右司谏，后调任为殿中侍御史。建炎三年（1129 年），拜御史中丞，四年（1130 年）签书枢密院事。绍兴四年（1134 年），任赵鼎为尚书右仆射、同中书门下平章事兼知枢密院事。他督促高宗亲自率领兵马，与金人作战，打败金人，给人心惶惶的南宋王朝以震撼和鼓舞。绍兴五年（1135 年），皇上回到临安，任命赵鼎为左仆射主持枢密院事，让张浚任右仆射兼职主持枢密院事，监督各路军马。后因与张浚不和，赵鼎以观文殿大学士身份出任绍兴知府。绍兴七年（1137 年）赵鼎官复原职。他在政治上表现出惊人的才能。处理国家大事得心应手，使得岌岌可危的南宋出现中兴局面，他推荐岳飞走向政治舞台。

当秦桧再度担任相位时，赵鼎因政见与秦桧及高宗一心求和的主张相悖，被秦桧寻机改任为泉州知府。不久，赵鼎被贬至兴化军（今福建莆田），再移居漳州，又被贬为清远军节度副使，安置于潮州。在潮州的五年里，赵鼎深居简出，鲜少与外界交往，对于时事亦不再置喙。偶尔有人问及先前之事，赵鼎亦多自责，毫无怨恨之意。尽管赵鼎采取此种消极避世的态度以求自保，其政敌仍不放过他。中丞詹大方诬陷赵鼎曾受贿，因此赵鼎被移海南吉阳军（今三亚）安置。

绍兴十五年(1145年),赵鼎抵达吉阳军,寄居在水南村裴闻义家中,生活几乎与世隔绝。其门人故吏因畏惧秦桧,皆不敢与其往来,甚至连书信亦无。只有广西将军张宗元偶尔送些酒食以示关怀。此举令秦桧极为不满,就将张宗元调离,并责令吉阳军每月上报赵鼎的近况。赵鼎深感秦桧不会放过他,就对其子赵汾说:"秦桧必欲置我于死地。我死后,你们不用担忧了;否则,祸害会殃及一家人。"后赵鼎病重,为自己写好墓中石,遗言中嘱咐其子将其安葬。一切安排妥当后,赵鼎选择绝食以终其生,当时为绍兴十七年(1147年)。

赵鼎一心为国,坚持和权臣抗争,为不连累家人绝食而亡,死得壮烈。他受到历代海南人民尊重,赵鼎作为五公之一,列于五公祠,受人们瞻仰。

(4)李光

李光(1078—1159)越州上虞(今浙江上虞东南)人,徽宗崇宁五年(1106年)考中进士,做过知州、龙图阁学士等官职。

秦桧为了议和迅速成功,撤销了淮南一带的军事守备,并且罢免了刘光世、韩世忠、岳飞等人的兵权。李光虽然也主张议和,但是和秦桧却有着极大的分歧。李光则认为议和的目的是保全国家,金国一向有着狼子野心,因此不能一味向敌方示弱,应当在议和的同时积极备战,在和谈中争取比较主动的地位。而秦桧的做法只是投降,而不是真正的和谈,因此,他在朝廷上公开反对秦桧。李光深知高宗对秦桧的宠信,明白自己在朝廷中的位置已难以为继,于是主动上奏章要求引退。但秦桧并没有就此罢休。绍兴十一年(1141年),秦桧的亲信、中丞万俟卨上书说李光内心深处对朝廷怀有怨恨,这样李光被责授建宁军节度副使、滕州安置。绍兴十五年(1145年)冬天,贬谪到海南,移琼州安置。

李光居住琼州八年,因次子李孟坚被陆升之诬告私撰国史,被定案,吕愿中又告发李光与胡铨诗赋唱和,讥谤朝政,因此被从琼州调至海南的昌化军(即今天的儋州)。绍兴二十五年(1155年)十一月秦桧病死,李光才被量移湖南郴州安置。绍兴二十八年(1158年)十二月,朝廷恢复李光官职,任便居住,二十九年(1159年)李光致仕,行至江州(今江西九江)病逝,时年82岁。

李光在海南度过了十几年的时光,对海南很有感情,他的诗歌对海南的风景描写充满了勃勃生机。在《黎人二首》云:

褰帷露冕更停轮，渺渺旌麾入瘴云。异境尽凭诗写去，郡僚争喜得新闻。桄榔林里便为家，白首那曾识使华。莫说蛮村与黎洞，郡人观睹亦咨嗟。①

又行潘峒诸村，爱其岩壑之胜，田畴之美，因成小诗：

烟市云中自一墟，幽花夹道路萦纡。无人与写岩峦胜，聊展营丘半幅图。村落家家社酒香，杂花开尽绿阴凉。山畦是处田畴美，时有归牛待夕阳。②

此诗以平等的心态去看黎人黎峒，黎村在其笔下具有了诗情画意。

李光在海南期间还关注海南老百姓的生活，认为百姓反抗官吏，是因为官吏“输赋科徭，率不以法”，老百姓诉求无门，才奋起反抗。他写了《海外谣》诗，揭露了赃吏对海南黎民的残酷掠夺和残杀：

焚荡玉石俱，老弱转沟洫。遗骸横道路，流血千里赤。杀戮诚快意，赃吏有德色。从今无忌惮，征敛几时息。沉香与翠羽，穷搜远弹射。乌衣遍村墟，气焰已可炙，久矣摄官弊，至此亦云极。③

李光在海南不为自身悲伤，能够很快调整自己的心态，在忧国忧民的同时，能够认真对待生活。走出海南岛时，他已经接近80岁。他在海南期间发挥一名封建士大夫的精神，除了留下大量诗文外，最重要的是对海南教育的帮助。他倡导海南文化教育，直接参与郡学修复工作，并作《迁建儋州学记》，鼓励学子学习，推动海南的教育。

（5）胡铨

胡铨（1102—1180年），字邦衡，号澹庵，庐陵（今江西吉安）人。建炎二年（1128年）进士。

胡铨被授予抚州（今江西抚州市）军事判官，未上任。绍兴五年

① 李光：《庄简集》卷七《黎人二首》，《文渊阁四库全书》（台湾版），第1128册，第501页。

② 李光：《庄简集》卷七《行潘峒诸村，爱其岩壑之胜，田畴之美，因成小诗》，《文渊阁四库全书》（台湾版），第1128册，第503页。

③ 李光：《庄简集》卷二《海外谣》，《文渊阁四库全书》（台湾版），第1128册，第444页。

(1135年),胡铨奉诏赴任都堂审察,又因兵部尚书吕祉推荐,担任枢密院编修官。绍兴八年(1138年),宰相秦桧决定主持宋金议和,胡铨反对并上疏大力斥责和议,并请求斩杀王伦、秦桧、孙近三人之头,并示众以警世。胡铨这篇被称为“斩桧书”的《上高宗封事》,因义正词严使得朝野为之震动。宜兴进士吴师古迅速将这篇文字刻版付印散发,一时官民争相传诵。金人用千金购得阅读后,君臣大惊失色,连连感叹“南朝有人”“中国不可轻”。

胡铨因为“斩桧书”而和权臣秦桧等结下不解之仇。秦桧认为胡铨狂妄凶恶悖逆,鼓动众人,下诏除去胡铨的名籍,安置在昭州,同时还降诏传布告知中外。但是由于许多朝臣上疏申理营救,秦桧迫于公众的言论,于是就令胡铨监管广州盐仓。第二年,改任他为签书威武军判官。绍兴十二年(1142年),谏官罗汝楫弹劾胡铨掩饰错误横发议论,皇上就下令除去胡铨的名籍,安置在新州。

在新州,胡铨仍然关心时政,坚信自己的抗金救国立场,写下一首《好事近》以托兴致:“富贵本无心,何事故乡轻别,空使猿惊鹤怨,误薜萝秋月。囊锥刚要出头来,不道甚时节。欲驾巾车归去,有豺狼当辙。”这首词传布出去后,朝廷抗金派和广大群众十分赞赏,但是投降派却对胡铨切齿痛恨。秦桧的私党、新州守臣张棣迎合投降派的心理,向朝廷诬告说胡铨在新州和别人进行诗词唱和,充满了“谤讪怨望”之情。宋高宗又一次听信谗言,将胡铨移谪至更为偏远的海南吉阳军。胡铨在抵达海南岛后,继续向南行进,途经临高县的买愁村,于马上作一诗曰:

> 北往长思闻喜县,南来怕入买愁村。崎岖万里天涯路,野草荒烟正断魂。①

因赵鼎的家乡在闻喜县,这里以闻喜县影射赵鼎。他到吉阳军后,居于南山村裴闻义的家中,这里也是已经死去的赵鼎寄寓的地方。胡铨看到屋子想起赵鼎,于是写下了《哭赵忠简》一诗:

> 以身去国故求死,抗疏犯颜今独艰。阁下特书三姓在,海南惟

① 洪迈:《寄斋三笔》卷一《朱崖迁客》。

见两翁还。一丘孤冢寄琼岛，千古高名屹太山。[①]

诗中高度评价赵鼎，对赵鼎的遭遇充满同情。

今天三亚水南村的“盛德堂”就是因为胡铨离开海南时，感谢裴闻义家对他的收留，特意为这座宅子题的名字。

作为一名封建王朝的知识分子，经过科举文考，胡铨文学造诣颇高，流贬于海南写下了不少诗。他帮助周围的老百姓改进生产技术以及劳作工具，把当时先进的生产技术和科学带到了海南岛。最值得称赞的是，他编写教材，亲自讲授，黎族首领纷纷把自己的孩子送到胡铨之处学习。

李纲、赵鼎、李光、胡铨四人都是在金兵入侵的年代被秦桧等投降派迫害而贬到海南岛的。他们虽遭贬谪，但所到之处却积极传播中原文化，甚至亲自课徒施教。在一定程度上推动了当地文化、生产、经济的发展。他们有才华却遭贬谪，于国家来说是不幸的，但是对海南来说又是值得庆幸之事。今天，五公祠内所悬挂的“唐宋君王非寡恩，琼崖人民有奇缘”这副对联，不仅反映了对于当时五公之君王未能明辨是非的深沉慨叹，更蕴含了海南人民对于这五位历史人物的深切感激之情。

3. 苏轼——九死南荒吾不恨

苏轼（1037—1101）字子瞻，号东坡居士，眉州眉山（今四川眉州）人。嘉祐二年（1057年）进士。苏轼是历史上著名的文学家，和父亲苏洵、弟弟苏辙合称“三苏”，同列“唐宋八大家”。苏轼少年奋发图强，有经邦济世的志向，他才艺全面，除了文学，书法、美食等都有造诣。

熙宁二年（1069年），为父亲守丧结束还朝的苏轼，任直史馆等职务，此时正是王安石提倡新法的时刻。苏轼鉴于北宋积贫积弱的状况，也主张通过变革来改变现状，但是他认为王安石的做法是“求治过急”，因此连续上书陈述新法的不利，王安石等提倡新法的朝臣非常生气，因此，查找苏轼的过失。虽然苏轼没有被查出问题，但是苏轼知道自己被王安石集团所排挤，因此主动申请外任。于熙宁四年（1071年）担任杭州通判，此后又转密州、徐州、湖州任刺史等。元丰二年（1079年），湖州

① 明谊修、张岳崧纂：道光《琼州府志》卷四十一《文艺·诗》，海南出版社，2006，第1845-1846页。

任上的苏轼被异己者断章取义从他的诗文中找出一些句子，弹劾他讽刺新法，辜负皇恩，蔑视朝廷，因此苏轼被逮捕入狱。这就是历史上有名的“乌台诗案”。苏轼度过100余天的牢狱生活后，被贬为黄州团练副使。在黄州期间，苏轼在自然界中排遣思想深处的忧愤，写下了著名的《前赤壁赋》《后赤壁赋》《念奴娇·赤壁怀古》等诗文。

元丰八年（1085年）宋神宗去世，哲宗为帝，太后听政，起用旧党派人员司马光为相，苏轼被召回京都，出任了起居舍人、中书舍人、翰林学士、侍读、龙图阁学士等职位。苏轼对旧党派全部废除新法的举措也有不同看法，与旧党派产生分歧，于是请求调出京都。而后流转杭州、颍州、扬州、定州做太守。绍圣元年（1094年）新党派再次上任，苏轼被贬惠州。在惠州的苏轼本认为北归无望，人生基本定局。他盖好房子，让儿子苏迈带家眷来定居，已经做好了老死于此的打算，但没想到，绍圣四年（1097年）他接到被贬为琼州别驾昌化军安置的诏令。面对政治上的命运多舛，苏轼一向善于开导自己，但接到诏令的他还是很绝望，他认为此一去再无生还的可能，他在与长子苏迈诀别时说：“某垂老投荒，无复生还之望，昨与长子迈诀，已处置后事矣。今到海南，首当作棺，次当作墓。乃留手疏与诸子，死则葬海外。”四月十九日，情绪低落的苏轼与小儿子苏过离开惠州前往琼州，此时的苏轼已经62岁。

苏轼沿着官道到达梧州，得知苏辙被贬到雷州，刚从这里离开赶往途中。于是追赶过去与他汇合，二人相伴前行。兄弟二人都被贬偏远地区，虽然苏轼对这次贬谪心理创伤最大，也是精神最受打击的一次，但见到弟弟的喜悦促使他写下了从惠州出发以来的第一首诗歌，在诗歌序言中写了作诗的原因：“吾谪海南，子由雷州，被命即行，了不相知。至梧乃闻其尚在滕也。旦夕当追及，作此诗示之。”诗句“莫嫌琼雷隔云海，圣恩尚许遥相望。平生学道真实意，岂与穷达俱存亡。天其以我为箕子，要使此意留要荒。他年谁作舆地志，海南万里真吾乡。”表达兄弟之情的同时，抒发了不为命运穷通改变的道心，并鼓励自己和弟弟把流浪之地当作安身立命的家乡。

六月八日，苏轼到达海南岛的澄迈县，由于他挂着琼州别驾虚衔，因此第二天要到琼州府（今海口府城）报到。苏轼在琼州府停留了十多天，空闲时间他到城内外走走，据说他发现城东北角有两处泉源，水质很好，有感于海南水井少，百姓汲水排队太长，有一些百姓直接到浑浊的河边取水，非常不卫生，于是告知当地官员，希望他们组织人筑井。后来城中百姓运来石头在泉眼处建一个储水池。不管苏轼是否在城东发现泉源以及是否把情况反馈给官员,但是后来苏轼得赦北上,再次到琼州府时,他拜访了三山庵的惟德和尚,将庵下泉水命名为“惠通泉”,并作《惠通泉记》,又为城东的“双泉”题写了“洞酌”二字,后来双泉旁边的“洞酌亭”即因此而得名。今天五公祠景区内“洞酌亭”仍在。旁边的金粟泉也被赋予苏轼所发现双泉之一。

再说苏轼从琼州离开后折回澄迈老城,沿着官道赶往昌化军(儋州)途中,因海南天气炎热,即使坐着轿子,暑气也使人昏昏欲睡,苏轼梦中感觉山鸣谷应,想到一些诗句,陆陆续续积累成了进入海南后的第一首诗:

> 四州环一岛,百洞蟠其中。我行西北隅,如度月半弓。登高望中原,但见积水空。此生当安归,四顾真途穷。眇观大瀛海,坐咏谈天翁。茫茫太仓中,一米谁雌雄。幽怀忽破散,永啸来天风。千山动鳞甲,万谷酣笙钟。安知非群仙,钧天宴未终。喜我归有期,举酒属青童。急雨岂无意,催诗走群龙。梦云忽变色,笑电亦改容。应怪东坡老,颜衰语徒工。久矣此妙声,不闻蓬莱宫。①

诗歌表达了苏轼作为一名流放者,穷途末路,不知何时所归的茫茫然心态。同时又以海天的辽阔和人生的渺小来宽慰自己。

作为一名知识分子,他在海南的整整三年时间,用诗文记录海南地方山水人文,抒发性情,他与友人通信,记写海南当时的状况,他在海南续写大量的和陶诗。其在海南写作的诗文不但对研究海南有价值,而且有很高的文学价值。

在儋州三年,苏轼与黎族人建立了很深的友谊。儋州所在之地黎汉杂居,语言混乱,苏轼与黎族人语言不通,但不妨碍黎族人对他的同情和关怀。在他的诗篇中有记录:

> 黎山有幽子,形槁神独完。负薪入城市,笑我儒衣冠。生不闻诗书,岂知有孔、颜。翛然独往来,荣辱未易关。日暮鸟兽散,家在孤云端。问答了不通,叹息指屡弹。似言君贵人,草莽栖龙鸾。遗

① 苏轼:《苏轼诗集》卷四十一,中华书局,1982,第2246—2248页。

我吉贝布，海风今岁寒。[①]

这首和陶诗写苏轼在儋州遇到特别之人，容貌枯槁但精神饱满，在路上遇到苏轼，笑话他到了海南还衣冠楚楚，尽管语言不通，但比划中苏轼还是听得出黎幽子说他是贵人。两人分手时还给他送了一块吉贝布，告诉他今年海风特别冷，要注意保暖。黎幽子言语中透着同情和关怀。

苏轼和黎族的黎子云兄弟是朋友，他跟张中等常到黎子云家做客。苏轼被赶出官舍后，在黎子云兄弟的帮助下，在桄榔林里盖了几间茅草屋。盖房子时，黎子云、符林来帮忙，潮州赶来求学的王介石也积极出力，张中也来铲土挖泥。周围的人送来木材、茅草，在大家的帮助下，茅舍终于落成，苏轼取名桄榔庵。桄榔庵和黎子云的家成了当时儋州文人相聚的好地方，也成了传播中原文化之地。

苏轼还和当地老百姓保持密切的联系，元宵节月亮当空，儋州的几位老书生邀请苏轼夜间出游。苏轼在《儋耳夜书》中便记载了他晚上与几位书生夜游的情景：同游的几人走城西、僧舍、小巷，把小镇的烟火看尽，回来时已经三更时分，儿子已经入睡。苏轼把手中拐杖放下笑了起来，儿子迷迷糊糊中问为什么笑，他回答说，笑自己，也笑韩愈钓不着鱼，就想到更远的地方去，此知即便到更远的地方也未必钓得着鱼。此话语中自有深意，但也透露出了苏轼与儋州百姓的友谊。

文豪苏轼对海南最大的帮助就是在文化和教育上的促进。在儋州三年，很多学子慕名而来，向他请教问题，学作诗文。

琼州琼山人姜唐佐，仰慕苏轼才华，自筹资粮和书籍，专从琼山到儋州跟随苏轼学习，他们饮茶、同游、唱和，姜唐佐随时请教苏轼，苏轼也多次点拨姜唐佐，二人亦师亦友。半年后，姜唐佐告别苏轼前往广州学习，苏轼特地抄录柳宗元《饮酒》《读书》两首诗为之送行。在苏轼遇赦北归时，他还不忘和姜唐佐告别，将自己所用的一块端溪砚送给他作纪念，并且送上两句诗“沧海何曾断地脉，白袍端合破天荒”，还鼓励他登科时，再把诗给他续完。后来姜唐佐不负师望，考中举人，成为海南历史上的第一个举人，应了苏轼诗句里的“破天荒”了。只可惜苏轼那时已

① 苏轼：《苏轼诗集》卷四十一《和陶拟古九首》（其九），中华书局，1982，第2266页。

经去世了，姜唐佐北上经过汝州，特地去拜访了苏辙，并出示了苏轼当时所写的两句诗。苏辙看后感慨万分，并替苏轼补完诗篇："生长茅间有异芳，风流稷下古诸姜。适从琼管鱼龙窟，秀出羊城翰墨场。沧海何曾断地脉，白袍端合破天荒。锦衣不日人争看，始信东坡眼力长。"这首具有特殊意义的作品才得以完整。苏轼在儋州三年，收学徒授课，与当地书生和秀才等人促进了海南的教育和文学的发展。

除了与当地人有密切的交往，苏轼还与大陆流寓名士保持着密切的联系。苏轼居儋州三年，陆续有文人从大陆乘船到海南探望苏轼。这些人以苏轼为中心形成了一个学问交流团体，随着时间的推移，这个团体不断扩大，无形中掀起学习诗文的热潮，推动了当地教育和文化的发展。

元符三年（1100 年）宋徽宗即位后，苏轼得以量移廉州（今广西北海合浦），又改舒州（今安徽安庆）团练副使、永州安置。建中靖国元年（1101 年），苏轼逝世于常州，时年 66 岁。

苏轼晚年在海南留下的美丽篇章，给海南人民带来了实实在在的利。苏轼离世八年，儋州人符确登进士第，成了海南中进士"破天荒"第一人。这也可以归功到苏轼对海南的影响。到了明代，海南更是群星璀璨、科第辉煌，被誉为"滨海邹鲁之地"。这一切与苏轼在海南积极倡导读书风尚是紧密相连的。

"九死南荒吾不恨，兹游奇绝冠平生"是苏轼遇赦北上登船途中，他回想起在海南生活的种种写下的诗句。诗中表明自己被贬到南方荒芜之地，虽然九死一生但不怀恨意，因为这里可以看到平日所未见到的。在笔者看来这句话有了别的含义，他的不恨是用自己的乐观、大度、勤勉、爱民抵消了官场恶斗的恨，他在海南以个人的魅力，渲染教化，一点一点地推动海南文化和教育的发展。

4. 贬官对海南的贡献

据周伟民教授考证，唐代被流放到海南的官员有 48 位，宋代被贬到海南的贬官有 79 人，乃至明代海南尚有贬官到来。历代被贬到海南的官员是非常多的。他们忠奸不一，或因政见不同，或因宫廷矛盾，或是酷吏或是贪官而被贬，他们中有一些如杨炎那样被贬海南岛，但也有一些未踏上海南岛就在半路自杀，或被赐死，另一些则刚踏入海南岛就有幸被召回,还有一些客死海南岛。一些贬官的子孙后代在海南发展壮大,因此这些贬官成了海南岛某一姓氏宗族中的迁琼始祖。这些贬官虽然不是每个人都在海南发挥了极大的作用,但是他们的到来对海南的社会发展、文化建构、教育推动起到重要的作用,这些作用具体表现在以下三个方面。

(1)吟诗立著,留给后人丰富的精神财富

贬官在遭受贬谪之际,内心情感波动显著,尤其是当贬谪之地为封建王朝知识分子所避之不及的海南岛时,其内心的悲伤与抑郁之情更是难以言表。他们抵达海南岛后,或以诗文为载体、抒发个人心志;或借文字之力,对权贵发出呐喊之声。而对于海南而言,这些贬官对当地自然风光和风土人情的详尽记录与深情抒怀,对于研究海南历史上的自然环境和社会生活,具有极高的参考价值。

李德裕对海南的自然美景及内心感受进行了深切的描绘:

> 岭水争分路转迷,桄榔椰叶暗蛮溪。愁冲毒雾逢蛇草,畏落沙虫避燕泥。五月畲田收火米,三更津吏报潮鸡。不堪肠断思乡处,红槿花中越鸟啼。(《谪岭南道中作》)

宋代卢多逊因贬谪至崖州,居住于水南村,也留下了两首赞美水南村风景的诗篇:

> 朱崖风景水南村,山下人家林下门。鹦鹉巢时柳结子,鹧鸪啼处竹生孙。鱼盐家给无墟市,禾黍年登有酒樽。远客杖藜来往熟,却疑身世在桃源。
>
> 一簇晴岚接海霞,水南风景最堪夸。上篱薯蓣春添蔓,绕屋槟榔夏放花。狞犬入山多豕鹿,小舟横港足鱼虾。谁知绝岛穷荒地,犹有幽人处士家。(《水南村·为黎伯淳题》)

丁谓(962—1033)被贬海南崖州后,曾作《有感》:

> 今到崖州事可嗟,梦中常若住京华。前程何啻一万里,户口都无三百家。夜听猿声孤树远,晓看潮上乱烟斜。吏人不识中朝礼,麋鹿时时入郡衙。

诗中写出了海南崖州地处偏远，远离京城繁华，人口稀疏，环境荒凉。此地猿猴哀啼，瘴气弥漫，呈现出一派凄清之景。当地官衙小吏，因地理位置之隔阂，对中原礼仪知之甚少，未能秉承正统礼仪之风范。路上竟有麋鹿于县衙之上自由游弋，此景更是凸显了崖州之地的荒僻与寂寥，表达诗人的惆怅之情。丁谓在海南期间还写了《天香传》一文，对海南香的历史、种类做了详细的记载，并用丰富的语言详细记载香味，给海南的诸香立传。苏轼的一些和陶诗也写到了海南沉香的价值，以及这种名贵产品因朝贡和民间交易变得越发珍贵，表达了对香掠夺造成的后果的担忧。

贬官未踏足海南岛之前，关于该岛屿的记载主要依赖于远隔重洋的想象和主观臆测，仅存有零星的文字记录。随着贬官的到来，他们深入海南岛，以自己的目睹和亲身体验，记录了海南岛的风土人情，留下了早期珍贵的文献资料。这些文献对于后续地方志的编纂，以及后人了解早期海南岛的历史风貌，具有极其重要的意义。

（2）教书育人，开教育之风

在海南，开启教育之风的贬官可追溯至唐代的王义方（615—669）。他一贯秉持对人才培养的高度重视，曾招收学徒，致力于讲学授业。

唐贞观末年，王义方以太子校书被贬海南的儋州吉安县（治所在今昌江）为县丞。吉安是黎汉杂居之地，地荒蛮，人彪悍不驯，缺少礼教规训，容易产生摩擦，人与人之间常有冲突，需要人文教化。王义方召集地方首领商议办学之事，让他们挑选优质的黎族子弟实行文化教育。他亲自讲学，从儒学到礼仪、音乐多方面开展教育。王义方成为最早在黎族开展中原文化教育的第一人，也是文献记载中在海南办教育的创始者。尽管多方因素的制约，可能教育的效果并不如后来的贬官。王义方虽遭贬谪，却率先在偏远的孤岛上设立学堂，开启人文教育之先河，将中原文化播撒于这片荒芜之地。

苏轼、李光和胡铨这三位贬官对海南的教育也有深远的影响。

苏轼在教育上的影响最深远。他在儋州三年，采松制墨，自编教材，自讲诗书，在他的影响下海南掀起作诗文的高潮。不仅出现了海南第一位举人姜唐佐，还有王霄、黎子云这些俊才，一时儋州地区书声琅琅、弦歌四起。

李光被贬到昌化军时，他写下《昌化军学记》，记载在苏轼离开海南后，文教已是“文学彬彬，不异闽浙”，而且已看到人才成长的灿烂曙光，估计成才的学子一定会“登巍科膺胍仕者继踵而出”。他秉承苏轼遗风,在昌化军地区积极倡导并推进文化教育。他亲自参与郡学的修复工程,并撰写了《迁建儋州学记》,此文在后世被广泛传诵,成为研究海南古代教育的重要历史文献。

胡铨在崖州八年,“日以训传经书为事”,当地黎族首领听闻胡铨的大名,纷纷遣送自己的孩子到胡铨处读书。

唐宋贬官在海南的教育和文化传播中起到了至关重要的作用。他们的努力不仅推动了当时海南教育的发展,也为海南文化的昌盛奠定了坚实的基础,正因如此才有了明代海南的文化昌盛。

(3)移风易俗,推动海南文明发展

唐代的宰相韦执谊,于元和元年(806年)被贬谪至崖州担任司户参军之职。当他到达崖州之后,看到满地山岗连绵,草木旺盛,但是这些树木下覆盖的是层层的火山岩,这是雷琼火山爆发百万年后,表层岩石风化终于长出了树木和野草,韦执谊教当地百姓因地制宜养山羊,发展畜牧业。时光荏苒,历经千年,这些地区因山羊养殖的繁盛而被后人称为“羊山地区”。

除此之外,韦执谊把自己熟悉的农业知识教授给当地人,让农民懂得二三月种黑豆,七八月种番薯,十二月种甘蔗。尤为重要的是,韦执谊在崖州任职期间,发现当地名为“岩塘”的水塘,该水塘的水源自高处的山岩石间,四季皆清凉,且泉水持续涌出,积水丰富。周边土地表层面临缺水问题,导致农作物种植困难,于是韦执谊积极动员官员与百姓,共同在岩塘周边筑坝蓄水,并开凿渠道以灌溉农田,使得岩塘陂的水资源得到了充分的利用,为当地农业的发展提供了充足的水源。

苏轼对海南的移风易俗也起到重要的作用。苏轼发现儋州地区土地肥沃,但是这里的人大多以单纯的狩猎作为劳动习惯,苏轼写《和陶诗劝农六首》竭诚劝说黎族人重视农耕,改进工具,开垦荒地,发展水稻。他还在《书柳子厚〈牛赋〉后》中劝告黎族百姓改正宰牛祭鬼的习俗,把牛用到农业生产中来。

海南多数的被贬官员从生产劳动习惯和生活习惯等方面移风易俗,把中原的先进文化和先进技术带到海南来,推动了海南经济和文化发展。

(四)被风带至海南岛的鉴真大师

1000多年前,海风把鉴真东渡日本的船吹到了海南岛振州(治宁远县,今三亚市西北)的岸边。鉴真一行人因此在海南岛居住一年的时间。期间,他们修缮寺庙,讲经布学,为徒授戒,记录民风古俗,研究南药花果,这些都给海南文化带来影响。

1. 鉴真大师在海南岛

鉴真(688—763),生于广陵江阳(今江苏省的扬州市),其父亲信仰佛教。鉴真小的时候经常随父亲到寺院进香,有感于法相的庄严和寺院的神圣,从小即立下了经明修行之志,16岁就到寺庙当沙弥,18岁受菩萨戒,跟随当时有名的道岸律师学习律学。景龙元年(707年)随师傅到洛阳,第二年到长安,并在长安名刹随弘景禅师受具足戒。依据当时的规定,只有受具足戒才能被官方承认为僧侣,具有讲授资格。此后五年他在长安和洛阳各个寺庙潜心研究三藏和律学等,到他26岁时才开始讲经弘法。鉴真对佛教、建筑、雕刻以及医药方面都有研究。在讲学弘法之余,他组织建造寺庙、修塔、治病、救灾活动。经他授戒的人达4万余人,他成为江淮一带有名的授戒大师,同时也是有名的学问僧。

鉴真东渡日本与日本的僧侣容叡、普照有关。唐代日本与大唐友好往来,文化交流频繁。日本经常派出大使和学问僧、留学生到中国学习,目的是把中国先进文化带回日本。容叡和普照是随日本大使到大唐的学问僧,二人感叹本国佛教传承不完整、戒律不完备,其跟随大使入唐的目的既修佛法,又寻找机会邀请一些高僧到日本授徒,他俩在大唐待了10年后,对大唐的佛教情况有了很好的了解。鉴真是他们心目中最理想的邀请对象。742年,容叡和普照来到扬州大明寺,邀请鉴真东渡日本,此时的鉴真已经55岁,为了扶桑众生能听闻正法,领会三藏中律藏的内容,也为了他自己在佛像前发的心愿,他决定东渡日本。

第一次,鉴真与20余名弟子和日本僧侣筹备出发事宜。他们在扬州附近造船,船即将下水时,因鉴真弟子道航一句话惹恼了高丽僧如海,如海向官府诬告他们打造船只,是与琉球海盗勾结。唐代对航海到国外限制非常严格,官府迅速派兵搜查他们,逮捕了日本僧侣,遣送回国,航海的东西也没收了。第一次以失败告终。

第二次,天宝二年(743 年)十二月,鉴真又准备第二次东渡,此次他们用巨款买了一艘大船,筹备了不少干粮、香料、药品以及佛像、佛具等,又请了一些技术人员共 85 人,渡船东下,但是还没到达东海,在长江口处遇到台风袭击,第二次东渡失败了。第三次,他们在长江口处等船修好后再次起航,但是又被大风刮到舟山群岛,过了几天才被救回,安置在宁波阿育王寺,此外一年多的时间,鉴真在那里休息并传教。

天宝三年(744 年),鉴真、容叡、普照他们准备从福州出发。先派人到福州准备,而后鉴真他们一行 30 人到天台再转福州,但鉴真的弟子灵佑担心鉴真年老东渡有危险,因此,上疏探访使要求阻止,他们一行被遣送回扬州。第四次就这样结束了。

天宝七年(748 年),容叡和普照再到扬州拜见鉴真,商议东渡之事。他们东西准备齐全后,开始第五次东渡。他们从扬州出发,到舟山群岛停些日子,三个月后再从舟山启航,这一次在海上他们遇到台风,帆桅摧折,船舱进水,船随波逐流,在海上漂泊了十几天后终于到一港湾,即海南岛的南部振州的大疍港。至今,三亚有一处名为"晒经坡"的海岸,此名字来源于鉴真大师登岸晒经书的事,据说,鉴真一行人上岸后发现经书全打湿了,他们搬出经书,在岸边的沙滩上晾晒,后来人们把这块海滩草坡叫"晒经坡",人民为了纪念鉴真师徒的贡献,还在附近建了一座庙,命名为"晒经庙"。不管鉴真一行人晒经书的事是否存在,但是这样的故事和筑庙的事体现了海南人对鉴真的纪念之意。鉴真一行人第五次东渡时,被海风带到海南岛,在海南岛上生活了大约一年的时间。

据《唐大和上东征传》[1] 载,鉴真在海南岛上岸后,得到了振州别驾冯崇债等人的热情迎接。冯崇债把鉴真一行人引到自家宅院供养,并在厅内设会授戒。鉴真为海南信众举办了皈依、受戒仪式,其后一行人被送到"大云寺"居住。

鉴真在海南的活动是自南到北,历经振州、万安州(今万宁和陵水之

① 鉴真死后 16 年,应跟随鉴真几十年的弟子思讬之请,日本著名文学家淡海三船(真人元开)撰写了《唐大和上东征传》记载鉴真一生的事迹。此书以思托的《东征传》为底本,因此此书的史料比较精确。

地）到崖州（今海口琼山之地），再北归扬州。起初他在振州的大云寺[①]居住，此时的大云寺已经很破旧，寺中的佛殿已经被破坏，鉴真主持众人捐助，众僧把废坏的佛殿修造好，继续弘扬佛教经典。一年后，鉴真返程，别驾冯崇债派兵800人护送。容叡、普照因为跟随船只，则从海路行走，鉴真等人走陆路，约定到崖州汇合。经过40天的时间鉴真等人达到万安州，万安州大首领冯若芳将他们迎进家中，三日供养。鉴真在冯若芳家受到了极其隆重的接待，用了阿拉伯产的香料乳头香（极为名贵之香，是外商赖以与中国贸易的奇货）为灯烛。乳头香在当时全国的市场是非常昂贵的，对于高僧一行人，冯若芳当然非常重视。冯若芳和冯崇债是堂兄弟关系，他是冼夫人的第五代孙，此人家中富有，他常用乳头香为灯烛，烧一回就烧100余斤，他的住宅后面，堆满热带产的名贵木，家中珍贵药材不计其数，可见其财力不一般。鉴真第六次东渡日本带的12种香，有600余斤，据说是冯若芳赠送。冯若芳的奴婢所居住的地方，南北要行三日，东西要行五日，村村相邻，可见人数之多，地方之广。鉴真一行往北行，到达崖州，崖州游弈使（唐代武官名，负责率领游兵巡逻）张云亲自迎接鉴真一行人，安排入住开元寺，崖州各官员设斋施物，轮流供养。在开元寺居住期间，开元寺遭遇火灾，鉴真等人在大使张云的请求下，在海南岛北部造寺，乡绅信众资助，振州别驾听闻此事也送来木材，鉴真用了半年的时间，建成开元寺，并把新塑的释迦牟尼佛像安于寺中。而后，他们一行人从澄迈渡海，经雷州返回扬州。北归途中，鉴真因长途奔波、水土不服，重病一场，又没有得到很好的救治，导致双目失明，他的僧友容叡也在返回途中去世了。

鉴真在海南的情况在《唐大和上东征传》一书有详细的记载，记载他们在海南受到的接待情况以及传经建佛寺的事迹，鉴真停留一年的时间里，他为官员讲经说法，讲解戒律，把纯正的佛法传给海南人民，修建两座寺庙，把中原先进的建筑文化传给海南，功德无量。书中还记载他所看到的物种有南药、椰子、龙眼、菠萝、槟榔、优昙钵树（现称菠萝蜜树）、楼头（柚子）、毕钵等等，对其中的毕钵果、优昙钵树和楼头等珍稀佳果尤其感兴趣，并作了极其详尽的记录，对当时的民俗风情也有记录：

① 周伟民教授考证认为：唐代武则天下诏在设州之地，建大云寺。中宗时期，将大云寺改为中兴寺。玄宗时期，复昭州县建寺观一所，名为开元寺。实际上唐代的很多开元寺并非新建，而是将大云寺或中兴寺改为开元寺，海南的开元寺是由大云寺改名而得。

"十月作田,正月收粟,养蚕八度,收稻再度。""男著木笠,女著布絮,人皆雕蹄,凿齿,绣面鼻饮,是其异也。"[①] 这些记载是后世研究海南唐代生活的重要资料,对研究海南物种以及当地风俗也有重要的参考价值,弥补地方志记录的缺失。

2. 佛教在海南岛的发展

佛教在汉代传入中国,经过南北朝时期的发展,到隋唐时期达到鼎盛。佛教为了在中国传播,结合中国实际情况,发展成了很多种佛教体系。唐代对于佛教有时支持有时限制,主体上呈现出支持的状态。

唐武则天时期,佛教传入海南岛,朝廷对佛教较为重视。武则天下令在州属地建立寺庙,因此,唐代海南的寺庙是从上而下强制设立的。唐代海南的社会是以黎族文化为主的社会,虽然也有中原贬官以及因避难或经商的汉人到来,但这些人对佛教并不热心,黎族先住民并没有信仰佛教的习俗。在海南的佛寺也是寥寥几间,记载所见的是振州的大云寺、崖州的开元寺。鉴真在海南一年多的时间,为佛寺手抄大量佛教经典,两度修佛庙,鉴真以佛寺作为讲坛,登坛授戒、讲律度人,弘扬佛法,促进了佛教在海南岛的发展和传播。但限于当时海南人口结构以及移居海南的人的成分问题,海南佛教文化大体上是在汉人上层社会中传播,信仰人数少,佛教的建筑也比较少。从鉴真一行人在海南的记载来看,有寺庙,但对鉴真一行人的接待都是官员,没有写到僧侣。佛教在鉴真一行人一年的努力下当然是有所发展的,庙宇的修建,为信众提供了宗教的场所,鉴真作为唐代享有盛誉的大师,他在海南为人授戒,讲解佛教经书,使佛教思想为更多的人所了解。

宋初统治阶级总结了历史教训,对佛教采取保护政策的同时,又对佛教加以适当限制。在宋太祖看来,佛教本质上对封建统治有帮助,不因为僧的质量低下而废弃佛教。因此通过普度、建译场、制圣教序、赐额、建开宝舍利塔以及印刷佛经等促进佛教文化的发展。当然,为了防止佛教发展产生的流弊,采用系帐制度、试经制度、度僧配额等政策管理佛教,对违规的僧侣采用严格的惩戒。在这样的背景下,海南佛教有了长足的发展,体现在佛寺较之唐代有所增加,佛塔、佛堂也随之出现。

① 真人元:《唐大和上东征传》,中华书局,2000,第66、69页。

虽然地方志上所列举的寺、堂、庙规模也不大，但此时有些塔和佛堂是私人出资建成。这说明了佛教到宋代向民间传播，民间佛教信众开始增多。宋代，海南迎来了一位著名的外来僧，就是觉范禅师。

觉范禅师，名德洪，又字惠洪。自幼聪明好学，14岁出家，16岁从临济宗黄龙派真净克文禅师学禅，19岁得度为僧，29岁开始云游全国各地，对佛教非常有研究。他与诗人黄庭坚是好友，生性放达的他喜欢跟文人官宦交游，并以诗文唱和，在文学上颇有造诣，在他的一生中曾四次入狱，他把此当作修炼的功课，称自己“因祸以得尽窥佛祖之意”。禅宗向来不立文字，以心传心顿悟禅意，但觉范禅师却以倡导文字禅闻名于世。他的朋友张商英是当时的宰相，曾经帮助他恢复僧籍。张商英大刀阔斧改革朝廷积弊，冲击了蔡京一党的利益，被对手授集罪证遭罢相。觉范禅师因与张商英是好友而再次被夺僧籍，并受脊杖和鲸刑之后，于政和元年（1111年）十二月发配海南。觉范大师在海南的三年时间里，行走于海南各州县，他写文记载他在海南的生活和修行。在《石门文字禅》中写道，他初到海南，被安排在开元寺居住，庙中还住有僧人，此僧人是从外云游到海南岛的，他与觉范禅师经常论道。觉范禅师到海南期间，琼州太守张子修可怜他体弱生病，在琼山的东北边苏东坡发掘的泉眼处造一间小庵，安排他养病。觉范禅师居住在他仰慕的苏东坡发掘并为此写诗的泉边，感觉生活很惬意。白天做东坡羹，有时做些豆腐之类的菜，也会乞食于市间。不远处的崇宁寺有经书可借，州郡也有书可读，谪居海南而不忘道，专心解读《楞严经》，空闲时写写文章，觉范禅师在海南的生活悠然自得。三年后觉范禅师北归，乘船渡海时遇到商人徐生，徐生是行走于廉州、广州、海南等地的商人，以贩卖槟榔为生，途中因遇海风停留，徐生默默陪伴，风一停，便买马备装，一路将觉范禅师护送到南岳的方广寺。在文中，详细记载他与徐生的偶遇，以及徐生对佛教和僧人的虔诚。从记载中我们也看出海南岛与外界商业往来频繁，僧人与社会人士友好往来已经是常见的事，这表明宋代佛教在商贾中得到传播和认可。

元代，各帝王对佛教都尊崇，帝王参与寺庙建造，并给寺庙赐良田。在政策的支撑下，佛教发展壮观，在此背景下，海南佛教也呈现繁荣的景象。佛寺从唐代的集中在州城而建到元代向全岛扩散的趋势，而且数量之大，空间之广，都说明元代佛教文化在海南得到广泛的传播，佛教的民间化也比宋代更进一步。文宗（1304—1332年），名图帖睦尔，是元朝的第八位皇帝。因宫廷政治斗争于至治元年(1321年)出居海南,在海南三年期间得到民众的礼待、地方首领的逢迎、朋友的欢迎,因此大力支持修建大兴龙普明寺(即大明寺)。据《元史》记载:"天历元年(1328年),创大龙兴普明寺于海南,置规运提点所,设官六员。二年,拨隶龙祥总管府。三年,改为都司,品秩仍旧,以掌营造出纳钱粮之事,定置达鲁花赤、司令、大使、副使各一员,知事一员,提控案牍一员。"① "至顺元年(1330年),赐钞万锭,市永业地。"② 足见文宗对兴建大龙兴普明寺非常重视,在人力、物力、财力都提供了帮助。但经过几年的时间,大龙兴普明寺终于建成,其规模巨大,辉煌华丽,是当时海南岛佛寺之最。朝廷命翰林学士虞集写《大龙兴普明禅寺碑铭》,碑铭据文宗口谕写成:"海南之为地,炎雾喷毒,往鲜生还,而使朕居焉。越历岁年,有安无苦。朕于是覃思以求,岂非上天垂佑,祖宗洪庥而致然与?乃捐金鸠工,即琼阳之胜地,建释氏之精蓝,以答天地祖宗昭贶,以介福于太皇太后,又以绥保其民人焉……朕虽未尝躬落其成,而想见其处,常往来于怀也。临御之始,慨念畴昔,因赐名曰'大龙兴普明禅寺'。其记朕意,托诸金石,俾示悠久。"③ 记载文宗建寺是因为他在海南这个烟瘴之地,平安无事,是受到了上天祖宗的保佑。还希望修庙以保佑海南民众。这是一位皇帝对海南独有的感情。虽然修庙过程中对黎民有所干扰,但是此庙的修建对佛教传播和发展有积极作用。此外,文宗信仰佛教,在海南期间也参与佛教建筑寿佛堂、观音阁、延寿堂的修建,对海南佛教发展和传播有很大的促进作用。

明代对佛教是采取恩威并施、刚柔并济的政策。明代的佛教政策大多定于太祖时,明太祖朱元璋曾经出家当和尚,对佛教有所了解,因此,他当上皇帝后,出于需要,针对佛教存在的寺滥僧陋的严重问题,颁布《申明佛教榜册》,整顿佛教。在中央的倡导下,从中央到地方普遍设立寺院衙门,监管佛教事务。海南相继设立各僧纲司,根据正德《琼台志》记载,在州府城外东边(在今天海口府城一带)的天宁寺设立僧纲司,并配有一正一副两名都纲,作为管理佛教事务的人。但海南的佛教发展总体上来说跟元代差别不大,海南也相继成立了各僧纲司,佛教建筑比之元代又有所增多,范围更大。明代海南的佛教很明显已经向少数民族扩

① 宋濂:《元史》卷87《志第三十七·百官三》,中华书局,1983。
② 宋濂:《元史》卷34《本纪第三十四·文宗三》,中华书局,1983。
③ 唐胄:《琼台志》卷二十七《寺观》,海南出版社2006,第562-563页。

散,明显的标志是乐会县的观音堂由峒民王德钦建,感恩县的观音堂由土人娄吉福所建。此外,明代海南的贤士对于宗教不是来自朝廷自上而下的影响,而是主动参与宗教活动。他们主动参与宗教活动的表现是他们组织塔和庙的修建,以及主动与佛教人士交往等。当然,这些贤士的宗教活动与民间普通百姓的宗教活动有很大的区别,他们更多的是从文化的角度和个人修养的角度出发,注重地方人文地理的改造和文化的塑造以及个人宗教学说修养,比如他们组织建造塔,考虑自然生态和人文环境的和谐,思考的是地灵人杰因素。因此,他们从阳光照射,风水流向等方面考虑在什么地方建造塔和庙,什么时间动土等。作为有影响的当地名流,他们此举无形中带动了宗教文化的发展和传播。明代海南定安的王弘诲[①]和琼山的许子伟[②]二人建塔以及邀请憨山大师到海南岛上的行为,无形中促进了海南佛教文化的发展和传播。

这里有必要介绍一下憨山大师。憨山大师即憨山德清,俗姓蔡,讳德清,字澄印,今安徽全椒县人。生于明世宗嘉靖二十五年(1546 年),圆寂于明熹宗天启三年(1623 年)。他自小受母亲影响,对佛教有浓厚的兴趣,12 岁到金陵报恩寺出家,师从西林永宁和尚为沙弥。后在云谷法会大师和无极明信法师的指点下精进佛法。嘉靖四十四年(1565 年),西林和尚寂灭,憨山德清作为住持,管理报恩寺大小事务。不久,报恩寺因雷击,被大火焚毁。憨山德清外出云游,寻找复兴报恩寺的方法,他辗转佛教场地,精心学习,佛学修为不断精进。因明神宗无子,慈圣皇太后遣内侍前往五台山大塔院寺建祷储大道场,并请憨山德清、妙峰福登与大塔院寺住持主盟其会,翌年八月皇子朱常洛诞生,因此,憨山德清三人名气大响。在此次的大会后,憨山大师避开风头前往东海崂山修炼。为表感谢,太后邀请憨山大师入京受赏,但憨山大师谢而不入。万历十四年(1586 年)神宗敕印大藏经 15 部,分送全国名山,其母慈圣太后特送一部给崂山,又送上 3000 黄金作为修葺寺院之用。这些给憨山大师带来了麻烦。神宗后来不满于母后为佞佛而耗费巨大,于万历二十三年(1595 年)借崂山道士告发憨山德清私创寺院为由,将其逮捕

① 王弘诲,生于 1542 年,定安人。嘉靖辛酉年(1561 年)解元,后中进士,选为庶吉士,后官至南京礼部尚书。万历三十年(1602 年),回家乡养病,万历四十五年(1617 年)去世。

② 许子伟,生于 1555 年,琼山人。万历十四年(1586 年)进士,被任命为行人司行人。因弹劾权贵,贬谪铜仁府经历,于是辞官回家奉养母亲。

入狱，虽免于死，但被放逐到广东雷州。

憨山大师虽然以戴罪之身到雷州，但其活动并没有受限制，这也给王弘诲和许子伟提供了邀请的机会。此时，海南的王弘诲，因身体不适养病在家，他在家乡建起宗祠，储备义租，讲授推行乡约，出资建龙门塔，还出资建立用于藏书和讲学的尚友书院。曾经当过国子监祭酒和会试考官的他，亲自编制课程，为学子上课和修改作业，书院的经费开支都由自己承担。许子伟是海瑞的学生，中进士后授行人司行人。万历十五年海瑞在京去世，他为海瑞扶棺返琼并守墓三年。他曾任南京兵部给事中等职，因上疏弹劾权贵被贬铜仁府（今贵州境内），后辞官归琼奉养母亲，不再出仕。他和王弘诲一样热衷海南的文化事业，许子伟在儋州建立免费的私塾，在郡中开设敦仁书馆。他捐资兴建明昌塔，以期促进海南地区的人文风气。他还掌教过文昌玉阳书院，为王弘诲所建尚友书院以及会同学田、万州新建儒学等作《记》。此时的他已经 60 岁。

1605 年 3 月，憨山德清接受王弘诲和许子伟的邀请，与其弟子一起来到海南岛，他们一行人居住明昌塔院中。登塔俯瞰和遥望，海南风景秀丽，大海隐约可见，憨山大师心情愉快。王弘诲为了交流的方便也搬到明昌塔院居住，憨山大师有志于海南岛弘扬佛法，推广禅宗，他在释迦牟尼诞辰日顶礼发愿，为王弘诲写下一篇“募疏”，期待王弘诲能据此广为募化，以便在“南溟奇甸”兴建寺宇，推广禅宗。并指出寺院的建造地址就在明昌塔旁边。此后，王弘诲将憨山大师让人募捐建寺院的事放在心上，还拟定了重建凡例，积极支持佛教在海南的发展。再说憨山大师在海南一个月的事，他和弟子以及海南贤士经常聚在文昌阁谈论佛法，弟子相互参悟佛道进步很大，而王弘诲和许子伟等乡士从憨山大师禅语中也收获颇深。

在憨山大师写的《琼州金粟泉记》一文中，记载了憨山大师在海南的一些事。府学廪生陈于宸到明昌塔院拜见憨山德清，后邀请他和王弘诲等一起去拜会天宁寺方丈。在他们喝茶谈话之时，谈到了苏东坡被贬到海南时发现的金粟泉，因好奇此泉泉水中有粟子顺流而出，因此大家一起去探秘。大家到达后，淘出泉水中的泥沙，果然看到砂砾中有粟粒存在，捻去外皮看到里面的小米，就像是新的一样。大家用泉水煮茶。被憨山大师称为博雅之士的陈于宸，疑惑于粟产于北方，但金粟泉在南方，不知泉为何出粟。憨山大师回答说，其中的道理恐怕很难跟一般人说清楚，大地浮于水上，如一片叶子。水在潜流地下，如人的血脉流注周身，出于心而滋养五脏，外达四肢肌肤。下至脚底的涌泉穴，上及头顶泥洹穴，发毛爪齿，无不充足。不充足就麻木不仁了。“由是观之，天地一指也，万物一体也。水火相射，山泽通气，风云呼吸，潮汐吞吐，乾坤辟阖，昼夜往来，无一息之停”。这些话语透露出天地同一，地理相通的哲思，也可以说是憨山大师体悟的禅意。

憨山大师被贬于雷州，与被贬于海南的苏东坡和觉范禅师（也称惠洪法师）的经历相似，而且三人都对佛学有深入的研究，苏东坡豁达的精神，觉范禅师在海南安然勤勉写作佛书，这些都是憨山大师仰慕和学习的地方。憨山大师在海南的短短一个月的时间里，他寻找苏东坡和觉范禅师在海南生活的痕迹。他把在海南的游历写到了《琼澥探奇记》《琼州金粟泉记》中。王弘诲和许子伟的义举，憨山大师短短的义行，苏轼、觉范、德清三者精神上的紧密联系，有效促进了海南文化尤其是佛教文化发展。

清代对佛教的态度以及管理与明代相近，管理制度实行僧官制度，通过系统的管理机关较快地掌握各地佛教发展情况，控制佛教发展的规模。在海南，由于资本主义工商业的发展，一些资本家以及一些小商贩对佛教进行捐助，因此，清代的寺庙急剧增长，佛教建筑比明代多出一倍，庙中出家修炼的人增多，佛教信仰在民间的普及比明代增强。

总的来说，自唐代起，佛教开始传入海南岛。鉴真大师东渡时，船只被风浪吹至海南岛，鉴真大师的到来为海南佛教的发展奠定了基础。随后，在封建王朝时期，佛教的发展相较于前代，它始终有所进步，主要表现为寺庙数量的增加和僧侣人数的增长。如今，鉴真和尚的影响依然深远。海南三亚的南山佛教文化旅游区，正是在鉴真影响下建立的，它集佛教传播与旅游于一体，成为我国最南端的佛教文化与旅游胜地。2014年，南海佛学院在南山佛教旅游区附近成立，海南佛教的发展与传播在历史的长河中不断拓展和完善。

二、古代本土贤士、名流

(一)道士文人白玉蟾

白玉蟾的出生与去世给后人留下谜团,然而他无疑是历史上的真实存在。他在道教、文学以及书法上留下的成就显而易见。作为一位道士,他创立了内丹南宗教团,并建立了以神霄系雷法为核心的符箓教派,丰富了以修炼内丹为宗旨的道教南宗。同时,作为一位才华横溢的文人,他在山水诗创作和书画方面均有卓越造诣,展现了他作为道士与文人多方面才华的综合发展。

1. 扑朔迷离一生

白玉蟾,原名葛长庚,自号海南翁、海琼子、琼山道人、蠙庵、武夷散人、神霄散吏、紫清真人等。白玉蟾出生于琼州琼山五原都显屋村(今海口市石山镇典读村)。玉蟾的祖父葛有兴饱读诗书,是一名举人,但其祖父未考中进士,因举人身份被推荐为教授,到琼州主管教育。祖父一家从福建闽清迁移到琼州,其父亲葛振业,留给后人的只是一个名字,没有很多的资料对其父的情况做介绍。

玉蟾自小聪颖,在祖父的影响下,热爱读书,他很小的时候已经会吟诗作赋,按照这样的情况发展下去,玉蟾会像他的祖父一样,参加层层考试,进入仕途。但可惜,玉蟾幼年时,祖父和父亲相继去世,母亲改嫁到雷州的白家,他随母亲到雷州生活并读书,白玉蟾的姓也跟随了继父的姓。白玉蟾 10 岁参加童子科考试,题目是做一首织机诗,白玉蟾写出了“大地山河作织机,百花为锦柳为丝。虚空白处做一匹,日月双梭天外飞”。这样非常富有想象力和气势宏伟的诗句,不知道主考官是一个刻板无创造的人,还是当时应试的文章不能有过多的想象和夸张,还是主考官觉得一个孩子做出这样的诗句实在是狂傲,因此白玉蟾唯一的一次应试就以失败告终。

宋代尊奉道教。宋真宗和徽宗都给道教很多优待政策。真宗时期，据地方志记载，海南地方奉诏在琼州府和万安州建天庆观，天庆观内供奉元始天尊、灵宝天尊、道德天尊三位道教大神。徽宗时期，各地奉诏书修建神霄玉清万寿宫，供奉长生大帝君、青华帝君等神灵。道教在皇帝的扶持下得到了振兴。在这样的环境中，白玉蟾很小就跟道教有接触。在《谢仙师寄书词》中白玉蟾说自己家三代与道教南宗四祖陈楠有渊源："三代感恩师，十年侍真驭"，说明父亲和祖父及自己与陈楠有关联，但白玉蟾没有解释父亲和祖父与陈楠的关联。可能陈楠到琼州的黎母山学习雷法时，跟当时的葛家有交往。但幼年的白玉蟾并没有想过修道。其祖父和父亲对他的教育在于通过读书考取功名。白玉蟾随着改嫁的母亲到雷州生活，他还参加了童子试，可见白玉蟾早年的愿望还是考功名。

白玉蟾童试之后，可能因为要祭拜祖父和父亲以及对曾经生活的海南有思念之情或是别的原因，因此他再次回到海南岛。在这段时间内，或是陈楠主动寻访白玉蟾，或因陈楠展示了泥土捏制泥丸治疗疾病的方法，使白玉蟾决定拜陈楠为师，踏上了修道的道路。陈楠在传授白玉蟾内丹修炼的基础方法之后，便离开了海南岛。在海南岛期间，白玉蟾还学习了武术。16 岁时，他在路途中遭遇不公正事件，有着武功的他忍不住出手教训别人，致人死亡。因此，他再也不能在家乡待了。于是开始了逃亡的生活。起先他在海南岛上不同的地方辗转，到过黎母山，儋州的松林岭，再后来，他渡过琼州海峡，到漳城、兴化军、罗源兴福寺、剑浦、建宁、武夷山。

道教把道士浪迹天涯寻师访道称为云游，白玉蟾的求道是从逃亡开始的。此后又到浙江江东、洞庭湖、蜀地等地，有些路线反反复复，在云游过程中，他不断参悟，把自己经历的一切苦难当作对心性的磨炼，原先的骚动和挣扎终归于平静。终于，他在舟山遇到了他的师傅陈楠。白玉蟾跟随陈楠走了不同的地方，最后回到了罗浮山，在这里白玉蟾潜心修炼。

白玉蟾独自静坐修炼丹功，一段时间后，陈楠注意到这位弟子修炼不够勤奋。他告诫白玉蟾："勤奋不懈，方能遇至人；若遇至人而不勤奋，终将沦为下鬼。"意即，持续不懈的努力将引领人遇见高人指点，即便遇见了，若不勤奋修炼，最终仍会失败。受到这些话语的启发，白玉蟾开始了新的修炼旅程。白玉蟾通过云游四海，随机应变，去除心中的杂念和杂质,在不断地云游和精进中,他终于领悟了真正的金丹大法。他贯通儒释道三家丰富炼丹之术,总结经验,再把经验写成传授之法并收徒传法,广施众济,对道教的师承以及体系做梳理,建道观,扩大道教影响。

白玉蟾的卒年未有定论。有观点认为他在盱江水解,也有传说称他在武夷仙化,甚至有人声称他在海丰尸解。另外,亦有说法称他隐居于山林之中。在海南民间,流传着这样一个故事:白玉蟾返回了他的故乡海南,并在文笔峰隐居。据传,他最终在文笔峰飞升成仙。至今,文笔峰顶的一块石头上还留有两个巨大的脚印,据说是他升仙时留下的痕迹。在文笔峰上建玉蟾宫,作为南宗的宗坛,以此纪念这位来自海南的宗师。

2. 作为道教宗师的白玉蟾

白玉蟾知识之广,融儒释道三学为一体,形成道教炼丹养生之道。他把内丹修炼与雷法结合,丰富神霄雷法。他撰写了大量的道教论著,丰富了南宗理论。他还用毕生精力问道修道,他的修道活动也产生了深远的影响。

(1)内丹法

中国炼丹术是从外丹开始的,所谓的外丹实际上是药材和铅、汞、硫等矿物,在炉鼎中不断烧炼最终形成的化合物,即道教所称的金丹或仙丹。炼丹术和丹药提供给人一种幻想,通过服用丹药,可以使有限的生命得到无限的延长,给人一种改变自然规律的希望。但服用外丹造成中毒,轻者惊厥昏迷或神经受损,重者死亡,因此,外丹受到的怀疑和批判越来越多,通过服用外丹求长生不老的途径逐渐衰弱。因此,寻找另一条长生的方法成了人们求仙的需求。在这个背景下,内丹修炼发展起来。内丹也称金丹,内丹修炼就是以人身体为炉鼎,精、气、神为药物,经过一定时间的修养锻炼,以神运炼精、气,达到三位一体,凝集成丹,称为“圣胎”。内外丹建立的理论基础是一致的。只是外丹讲的是在体外进行,使用鼎器、药物、火候等有形之物炼成有形丹药。内丹是以人身为丹炉,以精气为药物,以心神为火候,参照天地大宇宙阴阳造化规律来测度一己之身的血气运行节律,在体内形成丹,通常称为内丹。

南宗的内丹理论从传承钟离权和吕洞宾(二者简称钟吕)的内丹道

而来的，经过张伯端的发展，内丹修炼的理论和体系已经比较发达。张伯端强调修炼内丹从修炼命开始，先炼精化气，进而炼气化神，炼神还虚，后三者是性。他吸纳禅宗的修行思想，融入内丹的修炼，已经在很大程度上向炼心方向靠拢。南宗内丹道经张伯端传石泰，石泰传薛式，薛式传陈楠，陈楠传白玉蟾。白玉蟾在已有基础上，将其关键展示给世人，作出明确的指点。内丹南宗法系代代相传，到白玉蟾这一代已经非常成熟。白玉蟾在张伯端的内丹理论的实践探索的基础之上，在阐述自己的内丹理论时，也把禅宗关于心性的理论引进来，他的内丹理论是借佛教的参禅方式，发挥钟吕和张伯端之道的基础上形成。他总结比较并参与修炼验证，逐渐形成了自己的丹法思想。他用禅宗的心性哲学和儒家的人性论来解老庄，把道放置于人心中，使心成为宇宙的本体和本原，提出“心外无别道”的内丹心性学。

白玉蟾肯定道是宇宙万物的根本，他和钟吕一样，认为：阴阳者，道也，所谓一阴一阳之谓道，阴阳是天地间永恒的至理。阴阳交替，万物化生。这种生生之理，阳极而阴生，阴极而阳生，且阳自阴中来，阴中含阳；阴自阳中来，阳中有阴，阴阳互动。天地即阴阳，乾坤即阴阳，只要有阴阳的存在，便会有生生的动力。正是因为天地本身即阴阳的这种阴来阳往阳来阴往的无休止的运动，天地才能得以长存。而人和天地同为道的产物，秉性相同，因此天地和人有内在的类似结构，则阴阳二气的运行也与人相同。人不能长存是因为人的阴阳不协调，人的修道就是修长生不老，即达到成仙境界。

因此，追求成仙就要阴阳逆施造化：“元始一气，能生天生地生万物。今者返而求之，须用阴阳交感，逆施造化，故能成仙成佛。”他认为今人修炼的目的在于重现得道，得道在于阴阳交感，不断逆转造化，方能成仙。

对道的体察要同构明本心来实现，心的重要性被提出来，甚至道的本原即心，道成了心的功用。他说：

> 尝闻天下无二道，圣人无两心。道之大不可得而形容，若形容此道，则空寂虚无，妙湛渊默也；心之广不可得而比喻，若比喻此心，则清静灵明，冲和温粹也。会万化归一道，则天下皆自化，而万物皆自如也；会百为而归一心，则圣人自无为，而百为自无着也。推此心而与道合，此心即道也；体此道而与心会，此道即心也。道

融于心，心融于道也；心外无别道，道外无别物也。[①]

心即道，道即心，道融于心，心融于道，修道即修心，因此，白玉蟾的内丹修炼即修心性。其实，道教外丹也好，内丹也罢，其着眼点均在于修命。道家引入修心，无非是要实现性命双修，实现身心的全面解脱。

为了更好地把理论运用到实际，白玉蟾明确提出修炼三关：忘形养气，忘气养神，忘神养虚，其实这三关是白玉蟾修炼阶段也是修炼方法，但修炼三关比较抽象，对于一般人来说难以操作，因此，白玉蟾把三关具体化，其丹法十九诀就是三关的具体化：

采药：收拾身心，敛藏神气。
结丹：凝气聚神，念念不动。

“采药”“结丹”为筑基功夫，方法为收心凝神，采精聚气，强调心神宁静，气凝结内藏，为初关“烹炼”精气做好准备。

烹炼：玉符保神，金液炼形。
固济：忘形绝念，谓之固济。
武火：奋迅精神，驱除杂念。
文火：持气致柔，含光默默；温温不绝，绵绵若存。
沐浴：洗心涤虑，谓之沐浴。
丹砂：有无交入，隐显相符。
过关：果生枝上终期熟，子在胞中岂有殊。

“烹炼”“固济”“武火”“文火”“沐浴”“丹砂”“过关”这七诀都是初关“忘形养气”的功夫，其要诀在于以不动本心，调运精气流转全身，令欲念熄灭，秽气竭尽，元气充满。

分胎：鸡能抱卵心常听，蝉到成形壳自分。
温养：知白守黑，神明自来。

① 白玉蟾：《白玉蟾集》，周伟民、唐玲玲、安华涛点校，海南出版社，2006，第390页。

防危：一意外驰，火候差失。

工夫：朝收暮采，日炼时烹。

交媾：念念相续，打成一片。

大还：对景无心，昼夜如一。

圣胎：蛰其神于外，藏其气于内。

九转：火候足时，婴儿自现。

"分胎""温养""防危""交媾""圣胎""九转"，这八诀为中关"忘气养神"的功夫，要点在于阴阳交会，神气交融，息念忘心，阳神饱满，凝结圣胎。讲究不断涵养精气，保藏精气，结成圣胎（即阳神）。

换鼎：子又生孙，千百亿化。

太极：形神俱妙，与道合真。

"换鼎""太极"，即上关"忘神养虚"功夫，此关要在移神换鼎，终至阳神出壳，达到"形神俱妙，与道合真"的太虚境界。

在内丹修炼的十九决中，我们可以清晰地看到白玉蟾将心神置于至关重要的位置，他强调了修心与炼神的统一性。白玉蟾的内丹法并非简单地承袭传统的道教内丹理论，而是融入了他个人的领悟与创新。他的出现，使得那些长期隐秘、单传于山林的道法变得更加开放和包容。他将儒、释、道三教融合，极大地丰富了道教的思想体系。他所阐述的内丹和内炼理论，对气功学和医学等领域的发展产生了积极的影响。

（2）雷法

雷法是道教认为的可以呼召风雷，降魔降妖，祈晴雨、止涝旱的方术。它起源于北宋，兴盛于南宋、元，就其门派而言，雷法分为天心、清薇、北帝、神霄、东华、正一、上清等各派。

王文卿是神霄雷法的主要创始人，南宗修炼雷法，始自四祖陈楠。陈楠传于白玉蟾，白玉蟾将之发扬光大，并再传给南宗众弟子，使其成为与内丹并重的修炼课题，后来，白玉蟾建立新教派南宗，被人尊为"南宗五祖"。道教南宗是一个以传行内丹为主，兼传神霄系雷法的符篆教派。白玉蟾在这里是一个承上启下的关键人物。白玉蟾以前的南宗师承几乎是一对一，到了白玉蟾，他先后收彭耜、留元长、谢显道、潘常吉、周希清、胡士简、罗致大、陈守默、詹继瑞等为徒，弟子尚多，建立起一个修行流派。

白玉蟾所提倡的雷法是以内丹修炼为基础的,“内炼成丹,外用成法”,强调行法必须与内炼相结合。

白玉蟾的弟子众多,使得他的学说得以广泛传播。白玉蟾不仅在道教界有着举足轻重的地位,他的思想和实践也对后世产生了深远的影响。在道教史上,白玉蟾被尊为南宗五祖之一。

3. 作为文人的白玉蟾

白玉蟾天资聪敏颖异,同时又是博览群书,学养丰富的人。他是海南历史上第一个留下诗文的本土人士。他的诗文创作水平高,他的书画造诣高,是不可多得的文人。

白玉蟾的文学素养很高,为后世留下了丰富的诗文篇章。学道、传道,悟道之理,使他的很多诗文是对道的体悟。放浪形骸不拘一格的个性使他交游广泛,诗文有切切的友谊情怀。游览我国南部名山大川,诗文有浩瀚大自然的绚丽景观,有清风明月的江南水色。

白玉蟾的两首《云游歌》字数有千余言,写了他求道访仙的经历。第一首写了他从离家访道至拜陈楠为师修道的全过程。第二首写人事的淡漠,云游的辛酸:

> 尝记得洞庭一夜雨,无蓑无笠处。偎傍茅檐待天明,村翁不许檐头住。又记得武林七日雪,衣衫破又裂。不是白玉蟾,教他冻得皮迸血,只是寒彻骨。又记得江东夏热时,路上石头如火热,教我何处歇。无扇可摇风,赤脚走不辍。又记得青城秋月夜,独自松阴下,步虚一阕罢,口与心说话。寒烟漠漠万籁静,彼时到山方撮乍。又记得潇湘些小风,吹转华胥梦,衔山日正红。一声老鸦鸣,鸦鸣过耳寻无踪。这些子欢喜,消息与谁通。又记得淮西兵马起,枯骨排数里。欲餐又无粮,欲渴又无水。又记得一年到村落,瘟黄正作恶……

这首《云游歌》明显写出云游途中的艰苦和辛酸:雨天,无蓑无笠,无处落脚;冬日,寒风刺骨,衣衫褴褛,皮肉迸血;夏日“无扇可摇风,赤脚走不辍”;而途中遭人白眼和驱逐。白玉蟾以第一人称的方式,铺叙了云游路上的种种遭遇,虽然学道过程曾有过短暂的犹豫,但白玉蟾终究还是坚定决心，表现出非凡的毅力。

诗中多次出现云游地点，如洞庭、武林、江东等等，读诗可大体知道其云游的地点。白玉蟾的很多诗文是对他生平大事件的记叙，从中我们可以了解白玉蟾的人生经历。

白玉蟾长游在外，走遍名山，纵情山水，他的笔下山水诗也别具风情。他在《常山道中》这样写道：

既雨山色晴转佳，望洋雪色脂麻花。
白云无边鸟声暮，目断远水明残霞。
流萤飞出衰草丛，宿鹊走上枯松丫。
行人路上暗回首，月下独对溪头沙。①

写的是雨过天晴，山中景色因为雨的冲刷显得更加迷人，雪的波浪宛如麻花一般，无边的白云伸向远方，偶尔一两声鸟叫，那是傍晚归巢的欢鸣。远处的水在夕阳下发出明亮的光彩，照亮了天上的晚霞。天色暗了下来，草丛中流萤飞来飞去，树丫上有夜宿的鸟雀。走在路上，不时偷偷地回一下头，月光下，孤身一人，面对着溪水尽头的流沙。诗中景色如同电影镜头一样一一呈现，一个个意象叠加组合形成了白玉蟾的山水意境，美不胜收。

当然，他的山水诗歌，在书写山水之美的同时，也抒发了个人的情怀。

“庐山山下倒芳樽，八九人家烟水村。千尺云崖春上藓，几重月树夜啼猿。人骑黄鹤去不返，草没丹炉今尚存。携子高歌醉归去，一溪寒碧绕山根。”（《游山》）表达山上山下美景悦目，虽然仙人骑鹤去，但人间尚存修仙之道，表达快活自在心理。

“仙舟停棹架岩头，黄鹤归天今几秋。满洞桃花人不见，一溪绿水为谁流。”（《九曲棹歌》十首之四）“山色未教晴日染，松声时听晚风梳。韶光九十去无几，春雨春烟锁翠芜。”（《书怀》二首之二）看山看水，观桃赏松，感叹时光流逝。

“山似诗肩耸，江如酒量宽。云描秋色老，松写暮声寒。”（《晚吟》二首之一）“海岸孤绝处，晴沙露远汀。潮花人鬓白，山色佛头青。夕照

① 白玉蟾：《白玉蟾集》，周伟民、唐玲玲、安华涛点校，海南出版社，2006，第200页。

雌黄笔,秋烟水墨屏。天空杉月冷,鹤梦几回醒”(《景泰晚眺》)白玉蟾笔下的风景美丽,情感丰富多彩。

总的来说,白玉蟾的诗文创作很有特色,兼具文人和道人双重身份。他题材偏向,在思想旨趣上始终显示独特的宗教个性,他文笔清丽、自然,不事雕琢,又不乏细腻婉转,有天门开阖、水流物生的气象。潘铇把司马迁、班固、韩愈与白玉蟾的诗文作比较,认为司马迁、班固、韩愈等人的文学创作,不能与白玉蟾相比;因为玉蟾的诗文,不可以世之常法论,他的创作“不由学识而能,不假思维而得”。这种创作状态就是无心而得,率尔而成,“顷刻数千万言。取而读之,放言高论,闳肆诡奇,出入三氏,笼罩百家,有非世俗所能者”。潘铇极佩服他,才写出如此溢美之词。但白玉蟾是道教中最著名的诗人,是诗人中著名的道士,这是不争的事实,在他一生中留下了1200余首诗歌,他的一些诗文见于《千家诗》等经典选本中。他的著作《海琼问道集》《海琼真人语录》《道德宝章》等,被收入《道藏》,有的被收入《四库全书》。

白玉蟾除了诗文外,也擅长书法和绘画。康熙皇帝在《御定配文斋书画谱》赞叹他的草书“有龙翔凤翥之势”。白玉蟾在世的时候,书法已经闻名,向他求书法的人很多。他的画深得吴道子的妙意,史称他“尤妙画梅竹,而不轻易作。间自写其容,数笔立就,工画者不能及”。

白玉蟾——这个从海南岛走出去的道教宗师,这个在诗书画方面卓有成就的文人,在海南的文化史上镌刻下深厚的一笔。

(二)著作等身的丘濬

丘濬(1421—1495),字仲深,号深庵、玉峰,别号海山老人。明朝中叶人,琼州琼山(今海口市琼山区金花村)人。累官至户部尚书兼武英殿大学士。一生中参加纂修的书有《寰宇通志》《大明统一志》《英宗实录》,写的著作有《朱子学的》《世史正纲》《大学衍义补》等专著,还写过很多诗文,被后世收入《家礼仪节》《伍伦全备忠孝记》《丘文庄集》《琼台集》《琼台诗文会稿》(门人蒋冕辑)等。丘濬是海南历史上学问精深、职位最高的人,他被人们称为“海南第一才子”,他苦读博学,笔耕不辍，真可谓著作等身，被称为海南的“著绝”[①]。

1. 清流世家

丘家为仕宦世家，自七世祖起，便已有家族成员步入仕途。元代，丘家更是有两代人担任过海南道廉访司照磨的官职。丘濬的曾祖父丘均禄，因公事之需，携全家从福建晋江渡海迁徙至海南琼山，并最终定居于琼山府城镇下田村（今金花村）。

洪武二年，丘均禄的儿子丘普（即丘濬的祖父）出生，丘普继承家训“边读书边耕耘”的传统，但丘普没有走上科举道路，而是走上医学道路，成了一名医师。丘普娶新建县学教谕博茂柯公传妹柯氏女为妻，洪武二十八年，柯氏生丘传（即丘濬的父亲）。丘传娶澄迈王村李氏，李氏生丘源和丘濬。丘源 9 岁，丘濬 7 岁时，丘传去世。

丘源与丘濬均在祖父丘普及母亲李氏的教诲与深远影响下成长。

李氏之父李奕周，身为国子监贡生，其家族亦属书香门第之列。丘传因病缠绵病榻长达八月，及至家翁赴京述职之际，李氏主持家事，照顾生病的丈夫，丈夫去世时，李氏年仅 28 岁。李氏在丈夫死后未改嫁，操劳家事，一心抚养两个幼子。母亲操劳，丘濬和其兄丘源看在眼里，自小也分担家里的事务。

对丘濬一生影响最大的是他的祖父丘普，从他出生开始，丘普便一直关爱这个孙子，希望儿孙继承家风，勤勉读书，因此，对两个孙儿的教育非常重视。丘家也是乐善好施的人家，丘普身为医生，救死扶伤，遇到家境贫寒病人也乐于施助，即使丘家境况日下时也如此。宣德九年（1434 年）琼州府闹饥荒，饥殍遍地，死尸暴露在野外没人管。丘普就把第一水桥那块祖先留下的地，贡献出来做了坟场，收埋无主尸骸，多达数百，每到清明还要带些祭品来祭奠。祖父乐施，乐观长寿。丘濬常年在祖父身边，祖父的行为对他耳濡目染，对其品性的形成，无疑是大有好处。除了行动上的影响，丘普对于孙儿的教育，是精神上的激励。他希望长孙丘源继承自己的事业，在家乡做一个良医。希望丘濬做一个良相，辅佐皇帝，拯救天下。对两个孙子寄予厚望，以厚望激励孩子树立远大理想。后来，丘源“继承祖业”——也成了一名医师，丘濬则一路勤读，

① 海南有四绝：“著绝”丘濬，“诗绝”王佐，“忠绝”海瑞，“书绝”张岳崧。四人也被后人称之为海南四大才子。

走上了仕途。从丘氏一族的族史来看，丘濬的家族可谓是“清流人家”。

2. 坎坷读书路

丘濬自幼读诗书，据说在6岁时，写下了让世人赞叹不已的诗篇《五指参天》：“五峰如指翠相连，撑起炎荒半壁天。夜盥银河摘星斗，朝探碧落弄云烟。雨余玉笋空中现，月出明珠掌上悬。岂是巨灵伸一臂，遥从海外数中原。”① 到八九岁时，他进入社学。13岁时，刻苦钻研四书五经。19岁时，与文昌邢宥同时成为郡庠弟子员。22岁，通过王琼佑举行的郡邑考试，获得公费读书资格。

读书、应试、做官是古代读书人的出路，在修身、齐家、治国、平天下这些儒家思想影响下，读书人通过参加考试，获得做官的资格，实现理想和抱负。丘濬也沿着这条路前进。正统九年（1444年），24岁的丘濬渡海到广东去参加乡试，五篇策论考得第一名，以解元荣归故里，并在母亲安排下成亲。丘濬继续苦读，准备三年一度的会试。

古代从海南岛到京城赶考，路途漫长艰辛，不但要提前几个月出发，而且路途还要防备匪盗，如果没有强壮的体力是不能到达京城的，有些读书人，甚至直接在琼州海峡上就船毁人亡。正统十二年（1447年）清明一过，丘濬就开始赴京赶考，参加正统十三年的会试，但丘濬这一次并没有榜上题名，与他同时会试的海南文昌人邢宥一举高中，获得二甲第15名的成绩。

在此，我们将对明代的科举制度简单介绍。明代科举体系主要由童试、乡试、会试、殿试四大环节构成。首先，童试作为正式科举考试的预考阶段，在县级层面进行。通过院试的考生，统称为“生员”，或称秀才或庠生。其中，表现最为优异的考生被冠以“廪生”之名，并享受国家提供的膳食补助。获得此资格后，考生方可进一步参与更高层级的考试。接下来是乡试，该考试由省级机构组织，由皇帝指定的主考官负责。乡试每三年于八月间在省城举行一次，成功通过乡试的考生被称为“举人”。其中，成绩最为突出的考生被尊称为“解元”，而前五名则被誉为“五经魁”，简称“五魁”。随后是会试，该考试紧随乡试之后，于次年春季在礼部举行，故又称礼闱或春闱。会试的胜出者被赋予“贡士”的称

① 转引于王明先、蒋秀荣：《想象奇丽 状物传神——丘浚〈五指山〉赏析》，《语文天地》，2000年，第12期，第9-10页。

号，而其中的第一名则被冠以“会元”之名。科举考试最高层次是殿试，由皇帝亲自命题并主持。殿试的优胜者被统称为“进士”，并根据其成绩被划分为三甲。一甲仅取三人，由皇帝亲自赐予“进士及第”的殊荣。其中，名列榜首的称为“状元”，次之为“榜眼”，第三名为“探花”。至于第二、三甲的考生，则分别被赐予“进士出身”与“同进士出身”的称号。殿试结果揭晓后，会在皇宫的太和殿上举行题名仪式，并在京城的主要街道上悬挂榜文三天以示庆贺。由于榜文采用黄纸制作，故这一过程又被称为“金榜题名”[①]。一甲三名在殿试后立即授官，二、三甲进士还要再进行一次考试才能授官，考试优秀者授翰林庶吉士，其他分别授予京官或州、县地方官。落榜的举人可以经吏部谒选，当个“教谕”。

丘濬在第一次会试中落榜后，因为是举人他有机会去任“教谕”，但是他没考虑当教谕，他想通过深造参加下一次的会试，因此，他并未返回海南岛，而是选择留在太学继续学习。进入国家最高的学府学习得到名师的指导，丘濬在这里得到了沉淀，对儒家经典得到进一步的了解，学养日渐丰厚，为他日后著作等身打下了基础。

在正统十三年至景泰二年（1448—1451）的太学学习时间里，明朝并不太平，正统十四年瓦剌部首领也先率领蒙古兵侵犯明朝边境，在太监王振的怂恿下，英宗皇帝率50万大军御驾亲征，但在土木堡连战连败。英宗、大臣及随从都被俘到北方，但事情并没有结束，这年的十月份，也先大军围困京城，兵部尚书于谦挺身而出拥立英宗的弟弟朱祁钰继位，并组织官兵抗战，京城才得以保全，这就是“土木堡事变”。丘濬在京城内的太学心情难以平静：皇帝被掳走，京城被围，这是国之大辱，而于谦挺身而出的英雄气概印照在丘濬的心上，以至于后来编写史书时，对于谦这个人物的记载做到客观处理。

景泰二年（1451年），丘濬迎来了人生的第二次会试，尽管他已深谙应试之道，心中有更多的把握，但是令人意外的是丘濬再一次名落孙山。此番失利与思乡之情交织，促使丘濬作出了返回家乡的决定。历经三年多的分别，他终于得以与日夜思念的亲人重逢。然而，重逢的喜悦之中亦夹杂着苦涩——母亲已两鬓斑白，妻子身体状况亦大不如前。未及尽情享受团圆的温馨，妻子便不幸病逝了。

景泰五年（1454年），丘濬参加了人生的第三次会试，终于胜出。同

① 廖楚强：《扑朔迷离话“夜郎”》，《炎黄纵横》2007年第4期，第53-54页.

年，丘濬参加了殿试，在皇帝主持的殿试中，获得二甲第一名的成绩，被选入翰林院为第一名庶吉士。

3. 为官与为学

进入翰林院的丘濬，已经30几岁了，步入国家政治体系已显得稍晚了。在母亲的期待中，丘濬续娶了海南卫一个百户宁的女儿吴氏。吴氏在此生中为他生下三男两女，丘濬娶吴氏后不久还纳了琼州府攀丹村一个唐姓女子做妾，常伴随他左右。

从入仕到去世，他一直跟书打交道，他的入仕生涯也是为学生涯。

历代皇帝都非常重视史书的编撰，这关乎封建统治者统治的延续性和稳固性，因此在位的历代皇帝把编撰史书作为为政时期一项重要的任务，特别是丘濬入仕时的代宗皇帝，他上位有临时代班的意思："土木堡之变"明英宗朱祁镇被北方政权俘虏，郕王朱祁钰被推上了皇帝的位置。后来也先把明英宗给放了回来。明代宗感到有了危机，把英宗软禁起来，当然为了让自己获得更多的支持，他也要做些政绩出来，为此他做了很多事，编修历史就是其中的一项。景泰五年（1454年）七月，他正式发布命令，要编写天下地理志。对于众多庶吉士而言，这是可遇不可求的机会，如果编修事宜顺利完成，参与编修地理志的官吏都会有所奖赏。这一年正好是丘濬进入翰林院任职的第一年，丘濬因其才华而被礼部挑选去参与编修历史。一年多的时间内，官员们就将《寰宇通志》编写完毕了。明朝规定，庶吉士只有任职满三年以后才能升职，但因代宗非常满意他们的编修工作，对参与的人员进行了嘉奖，丘濬因此得以升职，被提拔为编修一职。

丘濬很快遇到第二次修编天下地理志的机会。1457年，发生了"夺门之变"，即英宗回京后，受到代宗的软禁，过了七年吃不饱穿不暖的生活，代宗病重，臣子在立太子时有争议，而石亨等人觉得立太子不如英宗复辟更合理。此时边境正遇瓦剌骚扰，石亨以保护北京为名带兵入城，打开久闭的大门，拥护英宗复辟。英宗复辟后改年号为天顺，一个月后代宗也病死了，在石亨和曹吉祥的极力劝说下，英宗杀了土木堡之变后拥代宗上台的北京保卫战总指挥于谦。英宗为巩固自己的政权，采取了一系列积极的措施——惩治奸臣、鼓励进谏、编修史籍等等。天顺二年（1458年），英宗下令重新编撰《寰宇通志》，要求此次改写简洁明了且能体现明王朝的风采。由于此事也关乎英宗能否稳定地统治国家，因此他对此事十分重视。为了加快修编《寰宇通志》，朝廷决定使用第一次修编天下地理志的原班人马，丘濬被纳入其中。历经三年，天顺五年（1461 年）终于完成了第二次修编任务，英宗十分高兴，将《寰宇通志》更名为《大明一统志》。英宗为绝后患，还下令将《寰宇通志》的板书销毁。

在修编《大明一统志》期间，吴夫人给丘濬生下了第一个孩子丘敦，他的生活美满，两次参加编撰工作也深得赞誉。在文责自负的时代，文人把自己的著作看得很重，丘濬决定立书以传后世。天顺七年（1463年），丘濬写完了《朱子学的》。这是其生平第一部作品，该书参照《论语》体例，分纲目辑录了朱熹一生的言论，丘濬成为朱子学术的传人。

天顺八年（1464 年），英宗驾崩，他的儿子朱见深登基，这就是宪宗。丘濬被上调为经筵讲官，宪宗对这位老臣是很器重的，加之丘濬在朝臣中颇有威望，第二年，宪宗下令编写《英宗实录》，丘濬在编写人员之列。编写《英宗实录》离不开“土木堡之变”和“夺门之变”，这两次大事变是英宗和宪宗父子命运的转折点。夺门之变后，石亨等人找名目诬陷于谦，加上英宗为了自己复辟“师出有名”，将于谦处死。实际上，在“土木堡之变”后，于谦在北京城力挽狂澜，拯救了岌岌可危的国家。在编写《英宗实录》的过程中，涉及对于谦盖棺定论的问题，有人提出：于谦之死应以不轨来记载。但丘濬有感于于谦的大义，说：土木堡之变，如果没有于谦，天下不知道要乱到什么地步。有个别武官挟带私仇，污蔑他有不正当的言行，这怎么可以相信。丘濬坚持如实陈述于谦事迹，最终，一同编写的官员同意丘濬的说法，如实记载了事件的经过。成化三年（1467 年）八月，《英宗实录》编写完成，丘濬被晋升为从五品的翰林院侍讲学士。

成化五年（1469 年）丘濬母亲病重，丘濬此前因入仕的繁忙工作加之与海南隔海相望的海北（广东广西）常年有战事发生，都不能如愿回海南岛，母亲去世后的两个月才接到母亲去世的消息，丘濬匆忙告假返乡，为母亲披麻戴孝。丘濬丁忧期满后投入纂修《续资治通鉴纲目》的工作，该书是明代中期由官方两次敕修的一部史书。该书记载了自宋太祖建隆元年（960 年）迄元顺帝至正二十七年（1367 年），共计 408 年的史事，全书共 27 卷，为续接朱熹《通鉴纲目》而纂[①]。该史书一定程度上反映了明朝的国家基本情况和主流思想，为后人对明朝历史的研究提供了极为重要的依据。

成化十三年（1477 年）丘濬众望所归升任国子监祭酒，主持国家最高学府。在国子监任职期间，丘濬完成了《世史正纲》的创作。《世史正纲》叙述自秦始皇统一六国到明洪武元年（1368 年）的历史，大约上千年的历史，是一部中国中世纪的通史。这本书奠定了丘濬作为历史学家的地位，但能确立他思想家地位的则是《大学衍义补》这本书的写作。

《大学》是一部论述儒家修身治国平天下思想的著作，是一部中国古代讨论教育理论的重要专著，与《中庸》《论语》《孟子》并称“四书”，是中国古代科举考试的重要教材，其中提出“八条目”——格物、致知、诚意、正心、修身、齐家、治国、平天下，强调修己以治人。修己以治人正是古代大多数开明君王的重要治国思想。后世不断对《大学》进行研读，南宋理学家真德秀对《大学》颇有研究，著有《大学衍义》顾名思义就是对大学的研读并且推衍议论。真德秀在《大学》内容的基础上，不断将其中内容补充细化。《大学衍义》成为皇帝和大臣的必读之书。

丘濬在研究真德秀《大学衍义》的过程中，发现该书存在缺陷——没有详细阐释“治国”和“平天下”，即缺少经世致用的内容。作为天子和大臣除了精神人格的修炼涵养和处理家庭内部事务外，还应该懂得政治经济原理和国家的治理方略，因此产生填补该书不足的想法。成化十五年（1479 年），开始撰写《大学衍义补》，用了 10 年的时间丘濬完成了《大学衍义补》的写作。全书分 12 个部分：正朝廷、正百官、固邦本、制国用、明礼乐、秩祭祀、崇教化、曰规制、慎刑宪、严武备、驭夷狄、成功化[②]，涉及政治、经济、文化、宗教、伦理、外交、军事等方面，全面地荟萃历代先贤的论述，加以演绎和阐述。

《大学衍义补》最值得一提的便是其中的经济思想。此书涉及经济方面的主要是两部分“固邦本”和“制国用”。丘濬将儒家的“仁”思想融汇于治国经济思想中。他要求统治者将“养民”与“收税”加以平衡，除“常赋”和“定制”外，要杜绝“过取于民”，即君王不可为一己私欲而额外征税。他还认为不可“夺民日用”，即不对人民的日常用品征税。

① 王秀丽：《续资治通鉴纲目》纂修二题，《史学史研究》2004 年第 2 期，第 46-49 页。

② 院亚东：《丘濬教化与教育思想述论》，东北师范大学，2011。

他所指的日常用品包括：盐、铁、茶。其中他还希望统治者减少重复征税，例如酒由谷物酿造而成，已征收谷物之税，酒税应当免除。五谷已缴过田租，关市税（关口、市场税）应当免去。在市场经济方面，他指出应当避免社会倒退到物物交换，应使用金属或者货币作为交换媒介，避免使用谷帛作为交换媒介。这样的货币政策加速了商品的流通和社会生产力的发展，为明朝中后期的资本主义的萌芽奠定了一定的基础。丘濬强调市场的自主调节性和对外贸易，除此之外他还曾说过"世间之物，虽生于天地，然皆必资于人力而后能成其用。其体有大小精粗，其功力有深浅，其价有多少"[①]，实质上这就是早期劳动价值论的雏形。从中足见丘濬对经济治国的深刻思考和见解。丘濬此书成时，正好孝宗继位，他在上奏表的时候附上这本书。孝宗读后相当高兴，升他为吏部尚书，掌管詹事府事。并下令抄录副本，交给书坊印刷发行。

《大学衍义补》是丘濬花费10年时间写成的巨著，字数达130万字，几乎耗尽了他生命的元气，10年期间发生了很多事，三儿子丘仑和二儿子丘昆夭折，对他的打击是很大的。"通宵不寐闲思思，恨结幽怀泪湿腮；老鹤倚巢空叫月，飞雏应是不归来。"（《忆亡子》）表达对失子的悲痛心情。1476年，邱濬的哥哥去世，此时他已步入晚年，多年未返家乡，对家人的愧疚以及思乡之情也流露于诗中："大半郊游登鬼录，一生功业付空谈。不堪老去思归切，清梦时时到海南。"（《岁暮偶书》）。

1488年，明宪宗仙去，太子朱祐樘成为新一代皇帝，年号弘治。同年，丘濬被提拔为礼部尚书。孝宗下令编纂《宪宗实录》。由于身体原因，加之老年丧子（长子丘敦于1490年去世，年仅32岁）的打击，丘濬一再请求退休，但孝宗都不允许。与前两代皇帝不同，在孝宗统治下，国家的社会矛盾缓和、小农经济得到一定的发展、政治清明，史称"弘治中兴"。在这样的局势下，丘濬的仕途也达到了前所未有的高度。弘治四年（1491年）《宪宗实录》完成，丘濬被升为太子太保吏部尚书兼文渊阁大学士，成为相当于宰相的位置，管理国家机要事务。内阁虽不是中央一级正式机构，但在弘治年间已经成为足以对抗皇权的文官代表，它在朝中的地位如日中天。此时的丘濬已经71岁，认为自己年老已经力不从心，便写下《入阁辞任》还请求退休，被孝宗驳回请求。

生命的最后几年，丘濬身体日渐衰退，他再次提出辞职，但孝宗皇帝

① 郑朝波：《丘濬提出劳动价值论辨析》，《新东方》2015第3期，第66-69页。

并未批准。丘濬一生孜孜不倦探讨的就是如何保住太祖开创的基业，他参加了几次大型修编工作，又写了几部大作，可以说是一代文宗，皇帝需要这样有分量又敢于说话的人坐镇朝廷。丘濬三次上辞呈，都未获批准，只允许他大风雪天不用上朝，在他74岁时，还被任命为户部尚书、武英殿大学士。弘治八年（1495年）春节过后，丘濬永远闭上了双眼。

丘濬是经济思想家。丘濬最早从理论上阐明世间所有劳动产品，其价值都是由生产所耗费的劳动决定的，他指出产品的价值和劳动耗费的多少成正比，其关于劳动决定商品价值的论点，比起英国古典学派的创始人威廉·配第在17世纪60年代开始提出劳动价值论早了174年，他对价值的分析，虽然没有配第的细致，但在表达方式的抽象程度和普遍性方面却比配第略高一筹。在经济管理理论方面，丘濬提出了“自为论”，较明确和系统地揭示了国民经济管理中的管理目标、经济理论和管理方法，并进行理论证明和说明。丘濬以“自为论”为指导，对财政、货币管理问题提出了一系列的主张。丘濬倡导“民自为市”的工商管理政策，对商业、盐政、漕运制度，对外贸易制度改革等都有积极的主张，丘濬深深认识到农业对国民经济和国家安定的重要性，而土地是农业发展的基础，于是提出“听民自使”的土地管理方案，并主张用“配丁用法”来限制土地兼并。在金融和货币方面，提出“三币方案”，力图建立比较稳定健全的货币管理制度，为工商业的繁荣创造有利条件。[①]

丘濬也是史学家、文学家。其纂修史书《寰宇通志》192卷、《大明一统志》90卷、《英宗实录》、《宪宗实录》等，对历史的了解全面，所持的历史观正确。他的诗文数量可观，仅诗作就达数千首。他的学问深厚，治学严谨，从少年到晚年都在治学立说，他凭一生的努力成为当时学界的领军人物。在明朝《名臣录》中称丘濬为：“国朝大臣，律己之严，理学之博，著述之富，无出其右者。”这是对学富五车、著作等身的丘濬的中肯评价。丘濬去世后，谥号文庄，道德博闻曰文，无不知，叡圉克服曰庄，通边圉，使能服。这是对丘濬一生事迹和功德的合理评价。

（三）以诤谏闻名的海瑞

海瑞（1514—1587），字汝贤，号刚峰，历仕正德、嘉靖、隆庆、万历四

① 周伟民、唐玲玲：《海南通史》（明代卷），人民出版社，2017，第374-375页。

朝。先后担任过南平教谕、淳安知县、兴国知县、尚宝司丞、右通政使、应天巡抚等数职。海瑞的仕途并非一帆风顺，他因敢于诤谏，几乎性命不保。他廉政的海青天的名字留在中国政治史上。他和丘濬被誉为“海南双璧”。

1. 读书生涯

海瑞的祖先原籍福建，据海瑞族兄海瑚所编的《海氏族谱》显示，南宋的海俅是海瑞的祖先，举家从福建迁移到了广州，其高祖海逊子在明朝开国之初担任广州卫指挥（正四品武官）一职。曾祖父海达儿于洪武十六年从军来到海南岛，就在琼山落了户籍。其父亲海瀚娶妻谢氏，谢氏于正德九年（1514 年）农历十二月生下海瑞。

在海瑞出生四年后，父亲便去世。海瑞与母亲相依为命。在家庭困难的情况下，谢氏坚持教海瑞读书识字，也教育他要重视礼节，对海瑞要求十分严格，不允许他像一般孩童那样嬉戏玩乐，因此，海瑞自小也养成不苟言笑的个性，礼节上做得一丝不苟。童年的影响、母亲的教育促成了海瑞的性格。

海瑞 13 岁，母亲凑够学费送他入私塾读书，私塾老师自身学问很高，对学生要求也严格，自此海瑞开始了白日里听老师授课，夜晚挑灯夜读的苦读生涯。在这里他遇到了对他人生影响的两位先生，一位是杨二溪先生，他博学多才，对学生的管教也十分严格。另外一位是廖平庵先生，后来也弃教从政，海瑞步入仕途后还曾举荐过这位先生。海瑞私塾读书期间也正是盛行王守仁的学说的时候，王守仁是中国古代主观唯心主义的代表思想家，提出“致良知”和“知行合一”，同时倡导“立诚”，对伪君子式的“乡愿”作风进行抨击。因此，海瑞非常注重知行结合、言行一致，也形成了他的耿直性格。

21 岁时，海瑞投到进士出身曾任江西布政使司右参政的郑廷鹄办的石湖书院继续学习。海瑞 27 岁（嘉靖十九年）时来到了琼山郡学学习。海瑞的勤学在学生中是出了名的，对老师所讲的儒家经典也是倒背如流的，他的成绩名列前茅。海瑞对孔、孟、程、朱理学等进行了系统钻研，开始阐述自己的理论。

读书的这段时间里他结交了几位朋友，其中一个就是丘濬的曾孙丘郊。嘉靖二十三年（1544 年），海瑞与丘郊、唐穆等友人在丘郊建的亭子——乐耕亭小聚，为此他还写了《乐耕亭》一诗。此后，小聚中的友人相继奔到各处从政了。海瑞再次来到乐耕亭，不由想起友人小聚的场面，触景生情，又写了跟乐耕亭相关的散文《乐耕亭记》。如果读过海瑞的这两篇文章，就可以感觉到海瑞是很有才情的。

但海瑞的才情并不在文学创作上发挥，他对现实的入微观察以及提出改良的对策体现了他作为读书人的社会责任和良知。从汉代开始，海南岛上的黎族受到封建官僚统治和汉族的歧视，黎族常聚众反抗。明代，海南岛上因为黎族与封建统治的冲突而发生动乱，虽然统治者调遣兵力最终把动乱压制下来，但这种矛盾并没有缓解。汉族与少数民族的矛盾，封建统治与地方自立的矛盾是历代统治者都无法避免的问题，积极入世的海瑞，曾目睹黎族多次暴乱，海瑞多次思考对黎族地区的治理方案。嘉靖二十八年（1549 年），海瑞参加乡试，他以策论的形式写下了《治黎策》。这篇策论反映了海南黎患不绝的现状，同时也提出在海南黎族聚集区开通十字道路，用贸易来加强各民族之间的交流与团结；还提出在黎族居住聚集地置县、设所，分化管理，这样一有事端可以立即解决。海瑞的对黎方略有一定的前瞻性，体现了他的真知灼见，海瑞也因此得中举人。

嘉靖二十九年，海瑞上京城参加会试。海瑞向中央朝廷上书《平黎策》，再次重申和升华了他的治黎策略。在《平黎疏》中他提及“凡三次大举，每举调两广官兵十余万，费银数十万两，前后屯兵防守，骚害居民”和“借口圣王不治夷狄之说者，皆庸人苟且偷安，不肯身为地方当事托词也”。他不仅批判了朝廷对于海南长期的政策，而且还将许多高官名宦的虚伪事揭露了。当时正处于奸臣当国时期，海瑞触及了奸臣一党的利益，海瑞这样言辞激烈的文章，是没有人敢把它呈现皇帝评圈的，海瑞的落榜也是可以预见了。

嘉靖三十二年，海瑞再次参加会考，还是名落孙山，家徒四壁的他需要养家，所幸的是在嘉靖三十三年时，他以举人的身份，被推荐到福建延平府南平县当教谕，他带上他年迈的母亲到南平上任，海瑞也开始了他人生的一个新阶段。

2. 不畏强权，改革教风

明朝的学校控制儒生的思想，把学校作为培养官吏奴隶的场所，教员和学生对上级官员阿谀奉承风气盛，海瑞到任后，发现学校的纪律松弛，风气不正，他决定改变这些现状，于是他制订了南平儒学《教约》16条，内容上均体现了他的革故鼎新、学以致用的教学思想。这些条约从学生学习的态度以及学习方法到师生行为等方面做了规定。海瑞这些教约如果得以实施当然能改变当时南平的教育现象，但是有些教约与惯例格格不入，尤其是第十条具体规定："今后于明伦堂见官，不许行跪，学前迎接亦然。本学在郭外接官，不许离关门出郊野。宪司官至本县，一见后不许再同有司行三日揖。有犯于各衙门，罪人也。亦忽得免冠叩头，奴颜哀免，自贬士气。盖不特本职力能为诸生立一赤帜。"[①]分明是打破惯例，挑战了上级管理者的威严。因此，实行起来势必遇到困难。

不久，郡守的提学御史来县学视察，海瑞和两个训导在最前面，两个训导也一左一右地跪下了，只有海瑞笔直地站着，并不下拜，只长揖行礼。这让陪同提学御史而来的士大夫们都非常惊讶，故意大声对海瑞说，这是哪里来的山字笔架竖在这里。话语双关，一方面形容海瑞巍然屹立的姿态及跪在左、右两边的两个训导，形成一个山字，像个笔架；另一方面因为"瑞"字的右上角是个"山"字，所以说是山字笔架。领衔视察的台院大人已面露怒色，吓问为何不跪？海瑞给这位大人拿出刚颁布的《教约》并说明原因。这位大人虽然不再说什么，但是对海瑞不识抬举记恨在心，日后多有报复行为发生，为此海瑞差点丢了官。这件事后海瑞得了"笔架先生"的绰号。

海瑞是一个非常讲原则的人，一旦制定了制度或条约，不管遇到怎样的困难他势必要遵从和执行下去。在他的政治生涯中，他基本上是到一处上任就立规矩条约，依条约和规矩管理和规范自己和部下，依条约与规矩规范自己的上司甚至是皇帝。在南平县从政的生涯中，虽然他并不是一帆风顺，但还是一如既往执行自己的教约，正是因为有这样的坚持，南平县的学风发生很大变化，也培养了一些人才。

3. 大刀阔斧，革除弊端

嘉靖三十七年（1558年），海瑞在南平县任教谕期满，被提拔为浙江

① 李冰：《明代海南儒学文献研究》，海南师范大学（硕士），2019年。

严平府淳安县知县（正七品），知县是七品芝麻官，但是却掌管一个县的要务，从此海瑞开始他大刀阔斧的改革生涯。

淳安县隶属于杭州，地形复杂，是一个险要的城邑，地理位置的特殊性决定了它社会的复杂性。淳安县属浙西山地丘陵区，因此这里的土壤贫瘠，又存在着“富豪享三四百亩之产，而户无分厘之税，贫者户无一粒之收，虚出百十亩税差”的不公现象，遇上灾荒之年，甚至存在“人吃人”的荒谬之事；但淳安县位于新安江的下游地带，水运发达，官船途经于此，淳安地方官为了讨好过往的官员，经常搜刮百姓的财产，苛捐杂税，百姓不堪重负。海瑞到任后，他了解到这些情况，就大刀阔斧，进行大量改革，废除各种繁文缛节和劳民伤财的活动，严格管理各项开支，减少百姓负担。

针对“良田为豪富人兼并”的现象，他决定从“丈地”入手。当时淳安的土地大部分情况下一亩田只有八分，甚者一亩田也只有五六分。而且还存在着因为划分的界限不明显的问题，引起土地纠纷、诉讼无期、打架斗殴等事件。海瑞制定了《量田则例》。在丈量土地时，要注重根据地形来灵活划分土地范围，不可为了规整而死板划分。为确保丈地工作顺利进行，他还不辞劳苦，亲自驾规操矩，逐一核查。

针对“有田者无税，无田者反重差”的现状，海瑞采取“均瑶”的措施。原先淳安县规定每丁每年要向当地官府交纳少则一两二钱，多则十余两银子。除此之外，官员还要求百姓进奉“鱼、肉、米、浆纸”等地方特产，这在当时全国范围内算得上是十分繁重的赋税了。加上当时大量当地百姓逃亡到其他属地，平均下来每个成年男子所要承担的徭役过于严酷。海瑞采取的“均瑶”措施的“均”，并非从前的平均主义，而是与我们中国现代社会的收入税收制度有着共同之处，按收入的多少来决定交税的多少，相对公平。用海瑞的话来说就是“贫者轻，富者重，田多者重，田少者轻，然后为均平也”。他还采取了“自今伊始，期可久行，则七甲虽云五年二次，然中间已得三年间歇。当以七甲为始，六甲为末。若谓人情每若重差，可使有太轻，不可使有过重，则当以四甲为首，一二三甲为末”和借鉴它县经验“每五年方轮一次均徭，又五年方轮一次里役者。小民将四年所积，应一年重差，当一年重差，得四年间歇”（《均徭申文》）。实际上，这给农民一定的时间来准备徭役和赋税，遇到天灾之时，还可抵御灾害带来的损失。也正是海瑞的“均徭”政策使得先前远离的淳安百姓愿意重新回到家乡开始新的生活。

针对淳安的奢靡腐败之风，他采取了一系列措施来整顿官场。当时存在着“为新上任的官员设接风宴”的官场陋习。海瑞出任淳安县令一职时，将为官之道和上任仪式相结合起来，不允许为新官举行奢靡的宴席，并给予各等级官员警告“滥受缎席，逾制劳人，不美之端矣。后将何望！”希望他们不要为一己私欲而搜刮百姓。对于京城官员经过此地，淳安地方官员大设宴席的情况，他明令禁止在淳安内为京官大设宴席。在海瑞来淳安之前，淳安规定高级官员来淳安视察或路过时，县里要奉上一笔银钱，银钱由百姓承担。海瑞听闻此事，直接下令革除此陋习。明朝官员有“朝觐”的习惯，按明政府的规定：三年一朝觐，地方官员朝觐需带上地方的土特产或稀世珍宝来京。地方官员朝觐所需的土特产是从当地百姓家中搜刮而来的，他们还会利用职位来中饱私囊。但朝觐是朝廷规定之事，不可避免。于是，他决定采取紧缩一切开支的办法，以他自己两次朝觐为标准“止用路费银两四十八两，吏十二两，造册十一两七钱伍分，跟随快备原名工外，量刑加贴”①。他在淳安任职期间，身着布袍，蔬菜家中自给，生活简朴。作为海瑞的家人，一年到头吃不上几回肉，“买两斤猪肉为母祝寿”都能震惊全淳安县人民。这与此前官员的行为形成鲜明对比，百姓对海瑞的节俭和清廉又多了几分敬仰之情。

面对淳安县常遭到倭寇到城里烧杀掠夺的情况，海瑞组织人员筑成坚固的城墙，并开挖护城河，形成完备的防御体系。针对淳安县长年积累的案件，海瑞毫不犹豫地选择清查十余年的陈年旧案。对待案件，海瑞丝毫不马虎。断案时，正直果敢、不偏不倚，突破多件疑难案件。也因其高超的破案能力，被百姓们誉为“海青天”。

嘉靖四十一年（1562年）五月，海瑞因卓越的政绩，被推荐为嘉兴府通判，为正六品官员，在他正准备向新任县令移交大印时，朝廷突然取消了对海瑞的任命，令他“调简僻用”，以致处境尴尬。原来在海瑞任淳安县令时得罪了严嵩的干儿子——御史总理盐政鄢懋卿，鄢为人高调，外出排场十足，嘉靖三十九年出巡浙江一带，每到一处都要敲诈勒索，接待官员竞相攀比巴结此人，甚至接待用的溺用器都要用银子装饰。海瑞听闻这些事，十分生气，给鄢写了“禀帖”，称接到上方公文，知道御史要到本县，本县欢迎，但是，听说接待御史都大摆宴席，费用达几

① 任克敏：《浊世中的一股清流——从〈淳安政事〉看海瑞吏治革新思想》，《遵义师范学院学报》2009年第3期，第10页。

百两银子,这个不符合接待上级一切从简的公文要求,也损坏了大人的形象,又诉说淳安地偏没什么特产,希望他绕道而行。海瑞的行为和言论让鄢懋卿怀恨在心,一直伺机报复。后来,海瑞因为正直清廉和卓越的政绩在四年一次的中央官吏考核中得以升迁,被推荐为嘉兴府的通判。当时明朝推行一项政策:如果县令在即将升迁的过程中,遭受了其他官员的弹劾,必须被停止升迁。鄢懋卿听闻海瑞即将升迁为嘉兴府通判的消息,立即上书弹劾海瑞,称海瑞“居功自傲,不安分守己”,海瑞因此被“调简僻用”。不久严嵩下台,鄢懋卿也被充军,作为政敌的海瑞理应更受重用,但因严嵩一案涉及的人太多,嘉靖四十一年十二月,海瑞才被调任到江西赣州府兴国县当知县。

在兴国县任职期间,海瑞依旧亲自到乡间调查实际情况,并针对兴国县的现状,向江西总督吴百朋提出治理方案,集合于《兴国八议》中,他的方案都被采纳执行。虽然淳安知县任职期间得罪小人,官场受阻,但是海瑞还是一如既往地大刀阔斧进行改革,并严惩恶霸,深得百姓的爱戴。

4. 直言敢谏,一心为民

嘉靖四十三年(1564年),海瑞被选拔为户部云南司主事,虽然官居六品,但是为朝廷内官,有机会面见皇帝,参与国家大事,海瑞非常高兴,准备接上老母和夫人前往京城,但是母亲因为年事已高,加之畏惧北方的风寒,因此执意要回海南。此时海瑞已经娶了王夫人为妻,并且与她生下两个男孩即中砥、中亮和一个女儿,这是海瑞家庭比较幸福的时刻,为了母亲的身体,只好安排王夫人和子女跟随老母回家乡。

云南司的主要职责是掌管云南地方财务,兼领卫所禄俸、边镇粮饷、各仓场盐课、钞关。但这些并不由他直接负责,还有郎中和员外郎两个领导。入中央机构任职后,他发现明皇朝如此的空虚和腐败。皇帝已经20几年未理朝政,一切事交给大学士或宦官们去处理。州县发生旱涝需要补助,朝廷无粮银拨出,边疆战事告急,报到朝廷竟无人处理,百姓每年交粮,但国家粮库永远不足量,边疆动荡不安,境内暴乱事件常有发生。此时的嘉靖皇帝已经沉迷丹药求仙中不能自拔,也不愿处理政务。徐阶在严嵩入狱以后成为嘉靖帝的宠臣,他多以逃避的行事作风为主,许多高官为得圣恩而效仿其行事作风,加上有两位官员因直谏嘉靖帝信教误国而被杀,因此谏言者少之又少。海瑞对朝廷现状十分不满,他决定向皇帝谏言。用了将近一个月的时间写下了《治安疏》。《治安疏》前面赞赏皇帝天资英断,即位初年铲除积弊,革新政事励精图治,立下功绩,后面则直截了当地指出朝廷命官不作为和阿谀奉承的现状,同时也用最犀利的言语指责嘉靖帝沉迷于道术与道士炼丹服药,不与儿子相见,缺失父子之情,以猜疑诽谤臣下,缺失君臣之礼,不回后宫缺夫妻之情,把英明用到荒谬的地方,贻误天下江山和国计民生,大臣们不敢当面说但背后却议论纷纷。最后海瑞直言自己蒙受国恩,宁可得罪陛下也不想欺骗隐瞒,冒死进言,希望陛下幡然醒悟。

海瑞知道这奏疏一旦到达皇帝那里,会激怒龙颜,引来杀身之祸,他到集市买了一口棺材,打发走家仆,并写信给家人,希望母亲谅解,希望妻子照顾好母亲。皇帝看完奏疏后面的内容,特别生气,叫人去抓狂徒海瑞。皇帝身边的太监黄锦平日听说过海瑞耿直,便告知皇帝说:"皇上只管放心好了,奴才听得外面许多人说过,海瑞自己早把送死的棺材都买好了,他这下子是决心冒死进谏,无论如何他是不会逃跑的。"

嘉靖皇帝下旨把海瑞关到监狱中,但皇帝对他不杀也不判,想来皇帝意识到海瑞所言的确很有道理,自己所为确实荒谬,但龙颜不容侵犯,而海瑞一心为民、敢于直言、耿直的性格已经在民间传开,嘉靖皇帝不想判决海瑞落得后世诟骂。深得皇帝重用的徐阶也一再帮助海瑞说好话,说他仅是一时冲动而侮辱了皇上,并没有别的恶意。就这样,海瑞在不杀、不判、不放中度过了几个月的牢狱生活。

嘉靖四十五年十二月,皇帝朱厚熜驾崩,其第三子朱载垕(穆宗)即位,朝廷大赦天下。海瑞被释放,恢复原职,后改为兵部武库司主事。次年正月,海瑞又升任尚书司丞。

海瑞看到国家典狱现状的缺陷——许多无辜之人常被捕入狱,大量冤假错案也不经审查就给被捕者随意定罪。于是,他又一次冒死向新帝上疏《乞正赦款疏》,比起前面的奏疏,海瑞表达上注意用词,他称颂新帝,但也指出当前典狱存在的弊端,陈述嘉靖皇帝在位时很少大赦天下,狱中就多了因拖延处理而蒙受冤屈者。海瑞因大赦天下而免于牢狱之灾,出狱后忠心维护新帝,想让天下也得到新帝的恩泽,但"大赦天下"本就是一场封建统治者为巩固自己统治的手段,只是统治者为了体现皇恩浩荡的一种方式,所以海瑞的第二次上疏也没有得到什么有效回应,也未能改变现状。

在被任命为尚书司丞期间，海瑞曾写一道《乞终养疏》。向朝廷请求致仕，回家孝敬母亲。按明律，海瑞的请求完全合情合法。但恰逢新帝登基不久，两大集团斗争严重，正是朝廷用人之时，于是驳回了海瑞的请求。

此后三年，海瑞的官场之路一直飙升。大理寺右寺丞、南京通政司右通政、北京通政司右通政，后身兼四职：南京都察院右佥都御史、总督粮储、提督军务、巡抚应天。

任应天巡抚期间，海瑞取得一生中最大的政绩。

在官场治理方面，他撰写的《督抚条例》就明确指出“官吏不许出郭迎送”，并对官员巡查地方时的吃穿用度规格进行限制。这一措施，一方面遏制了官员的贪污腐败，另外一方面也减轻了全国各地区百姓的赋税。

在农业方面，海瑞亲自考察当地情况，通过“以工代酬”“高官出资”等手段来筹集人力、物力、财力，最终疏通了吴淞江和白帝江。海瑞还因此被当地百姓誉为“水龙王”。疏通水利工程有效减弱水患的破坏力度，同时使江两侧的百姓方便利用江水进行灌溉，增加粮食的收成。他的做法得到当地百姓的称赞，也得到朝廷的表彰。尤为值得一提的是海瑞的“一条鞭法”。“一条鞭法”规定：把各州县的田赋、徭役以及其他杂征总为一条，合并征收银两，按亩折算缴纳。这样大大简化了税制，方便征收税款。同时使地方官员免于作弊，进而增加财政收入。[①]但与之前的“一条鞭法”不同的是——海瑞将赋税与徭役合二为一。他还规定徭役编派占田粮的3/4，人口的1/4。关于徭役的具体事宜，他还编撰了《均徭册式》。“一条鞭法”的实施，一方面简化了税收征纳的过程、提高了效率和降低了税收征纳的成本，另外一方面减轻了农民的赋税压力，促进了明朝农业的发展。

在抑制土地兼并、缩小贫富差距方面，海瑞先以都察院名义公告，勒令治内的富豪退还侵占贫民的土地，让丢失土地的流民返回家园，消除流民造成的社会不稳定现象。海瑞的做法触犯到很多官员的利益。应天府下的苏州、常州、镇江等州县是位高权重者的家乡，在职官员或告老回乡官员多多少少都有在家乡置产业的行为，告老还乡的徐阶就是其

① 李婷婷：《明朝中后期粮长制度衰落原因微探》，《安庆师范学院学报》（社会科学版）2015年第1期，第65-67页。

中一员，这位在海瑞入狱后帮海瑞说过话，并为海瑞升迁说过话的人，可以说是海瑞的恩人。但徐阶竟然有40万亩田地，是江南第一富豪，其弟和其子是江南一霸。在高拱弹劾徐阶时，海瑞曾为徐阶说话而造成高拱下台，海瑞那时是站到徐阶那一边的，但海瑞了解到徐阶江南的情况才知徐阶真实面目。海瑞强硬要求徐阶退田。徐阶深知海瑞的性格，因此退掉了5万亩地，但海瑞严格要求徐阶按照退田令退掉一半以上的田地。徐阶让人传话给海瑞：只能退这么多。海瑞给徐阶写信做他的思想工作，要徐阶将所聚敛的田产退还。徐阶若如海瑞要求那般继续退田，他一生的经营就付诸东流，也坐实自己侵吞百姓为富不仁的罪名。因此，他让大儿子徐璠拿上重金赴京城重贿给事中戴凤祥，要他出面弹劾海瑞，诬告海瑞庇护奸民，贪污受贿，沽名乱政等，正值高拱掌握吏部，海瑞曾经“贬拱抬徐”，高拱怀恨在心。隆庆四年二月，海瑞的职位被顶替，这时的职务仅有南京总督粮储的官。月底朝廷又下令裁革南京粮储都御史，以其事归南京户部侍郎兼管。这下，南京留都中就彻底没有了海瑞的位置，在无可奈何中，他不得不向皇上申请，要求回老家琼山养老，皇帝很快批准了，从此海瑞就在琼山度过16年的闲居生活。

在家乡闲居的时间，海瑞也关注琼州府县官员的政绩，他一身正气，对当地的官员多有震慑。一些官员出于礼貌或害怕他，遇到重大的决策，会征求海瑞的意见，或向他请教治国方略和为官之道。海瑞都尽其所知，对于每一封信均详尽回复。面对前任官员的调动，需要海瑞评价的，他秉持客观公正的态度进行评价，不夸大其词，也不掩饰其不足。对于新任职官员，海瑞也常针对琼州政务要点进行指导，强调以民为本的为政原则，致力于为民谋福利。海瑞闲居时间，向琼州府官员唐敬亭推荐田地清丈方法，海瑞的建议得到了唐敬亭的重视，官府按照合理便捷的方式去丈量土地。除此之外，海瑞还向两广军门和两广总督写信，述说了琼州百姓的悲惨遭遇，批判了官兵对抗击海寇的不作为，并提出抗击海寇的方法。海瑞闲居期间对琼州的社会进步和百姓的平安作出了积极贡献。

万历十二年（1584年），众官推举海瑞，吏部拟用海瑞为通政司左通政，明神宗器重海瑞的名望，于次年正月召海瑞为南京右佥都御史。赴任途中，改为南京吏部右侍郎，此时的海瑞已经72岁了，他已经过了年富力强的年龄，老眼昏花，精力不济，面对皇帝的任命，他也曾犹疑，但海瑞是绝对忠君的，既然皇帝信任，就不辞劳苦为皇帝效力。

他还是一如既往地立规矩,对官场中不良风气进行扭转,对侵犯百姓利益的事进行惩戒,但海瑞真的老了,闲居海岛 16 年,他的思想已经跟不上时代的变化,有些政治主张是守旧的,他容易得罪人,也容易让人不理解,官场的拉帮结派和斗争永远不停歇,海瑞这个惹火体质,很易遭人攻击和污蔑,皇帝只需要他来树立清廉刚正的旗帜,遇到对海瑞的攻击和污蔑,他更多的是搁置不理,海瑞的身心疲惫,他拉不动日趋腐败下滑的明王朝,他多次上疏请求致仕,皇帝均不许。

万历十五年(1587)十月十四日 ,海瑞走完他坎坷的人生旅途,他身边除了两个妾和家仆共四人外再无他人,佥都御史王用汲去主持海瑞的丧事,发现海瑞住处只有用葛布制成的帏帐、破烂的竹器,想给海瑞换件衣服,发现竟无一件体面的衣服,在王用汲的号召下,大家文武百官纷纷解囊相助为海瑞购置丧葬用品。南京百姓听闻海瑞死讯,纷纷罢市,为他祭奠哭拜。朝廷追赠海瑞为太子太保,谥号忠介。

从海瑞的主要事迹中可以看出,他在政治上维护封建制度,恪守封建道德,改革弊政,发展生产,一心为君为民,在经济上自奉俭约,不取分外之财。他是封建社会不可多得的清官。

(四)弘文兴学的王弘诲

王弘诲(1542—1617),字绍传,明朝广东琼州府定安县(现海南省定安县)龙梅乡人。他在进士及第后入翰林院,之后入朝为官。在隆庆、万历两朝纵横捭阖。王弘诲不但儒学上有所成就,还对佛、道、基督教也深入了解。他还捐款捐物,支援家乡的士子求学。他归隐家乡,创办书院,潜心教学,邀请文人墨客在书院研讨辩论,不但推动了海南学子科举考试的发展,而且促成了师生们学术争鸣的文化格局,推动了海南文化的发展。

1. 博学解元,进士及第

王弘诲出生于一个“耕读不废诗礼传家”的家庭。他的父亲王允升也是一个读书人,对学术颇有研究,自己也著书立说,只是因为屡试不第,才没有步入仕途。他的母亲出身于海南的名门望族海康莫氏,是一位大家闺秀。所以王弘诲在幼年、少年时期就接受了封建传统教育,为他将来参加科考、进士及第奠定了良好的基础。

王弘诲聪敏博学，自幼博览群书，对学习的方法见解独到，晚年他在回忆自己年少读书情景时，写诗《夏日读百家书有感》，记叙了他少年读书之广博，奇闻、六经、诸子无不收集来读。在读书时把读书和做人的道理结合起来，滋养性情，培养高尚人格。表达了对那些玩物丧志的东西极力排斥。从他的诗中也可看出王弘诲无论是韵律，还是用典，都是极为精妙的。

王弘诲的学问之高、之精，主要得益于他早年的授业恩师——李逊。嘉靖三十七年（1558 年），李逊由朝廷委派，担任岭南诸道学政（主管岭南地区教育、考试的高级官员）。当时王弘诲正在定安县学中用功读书，得知李逊先生到任，就把自己写的文章送到了李逊手里。李逊看过文章后便重视起了王弘诲。李逊这样称赞王弘诲“南溟奇甸，后文庄百余年，而有子哉”。从这里，我们足可以看出李逊对王弘诲的欣赏。李逊还让王弘诲到自己的家里，和自己的儿子在一起吃、住、学习，对他悉心指导，监督培养。在日复一日的相处中，王弘诲和李逊结成了紧密的师生感情。

嘉靖四十年（1561 年）春，王弘诲参加广东乡试并高中解元。

嘉靖四十四年（1565 年），王弘诲参加礼部会试，进士及第。他在考中之后，被选入翰林院，名曰“选读中秘书”。这是明朝政府的惯例，在会试后选一批青年才俊入职翰林院，为将来的更大任用培养人才。

2. 上疏陈利弊，拳拳报国心

初入翰林院，王弘诲为庶吉士。嘉靖四十五年（1566 年）十二月，嘉靖帝朱厚熜驾崩，皇太子朱载垕即位，次年改元隆庆。直到隆庆四年（1570 年），王弘诲才被任命为翰林院检讨，然后他就投入到《世宗实录》《大明会典》的编纂工作之中，成为一名史官。隆庆六年（1572 年），隆庆帝驾崩，年仅 10 岁的皇太子朱翊钧登基，次年改元万历。由于皇帝尚属冲龄，朝政主要由张居正、高拱等人处理，其中张居正还担任万历皇帝的老师。万历五年（1577 年），王弘诲因参与编纂《世宗实录》有功，升任史馆编修。

万历十年（1582 年），身为南京翰林院掌院的王弘诲作《南京翰林院掌院提名记》，陈述了自唐至明翰林院的种种变化。不知何时，王弘诲独立汇编了一部《重编国朝名臣录》，详细记载了自太祖开国到当时这200年来154位名臣、功臣的事迹、言论。这两部著述充分反映了他对当代史的重视。

到万历十二年（1584年），王弘诲已经担任了一段时间的礼部右侍郎，被朝廷任命为《大明会典》副总裁，兼任经筵讲官，主持了《大明会典》最后的定稿工作。万历十五年（1587年），《大明会典》大功告成，王弘诲因此被万历帝大加封赏——加太子宾客，充日讲三品，掌詹事府教习庶吉士，满考荫子。[①]

万历一朝，皇帝虽有长子，但迟迟不立其为太子。为此，朝野上下怨声载道。不少臣子甚至是大学士都因上疏请求立储而被斥责、处罚。王弘诲不顾万历皇帝怒火中烧，从国家利益角度出发，接连于万历十八年（1590年）上《请建储公疏》与《请建储公第二疏》。请立皇长子朱常洛为太子，"法祖建储，以隆国本，以系民心"。

朱翊钧在位的前十年，在首辅张居正的辅佐和慈圣皇太后的监督下，励精图治、夙兴夜寐，称得上是一位有作为的少年天子。万历十年（1582年），张居正病逝，万历帝开始亲政。摆脱了老师的束缚，20岁的年轻皇帝愈加放纵，终日沉湎于美酒、美女之中，日夜纵饮作乐。之后，万历皇帝的心态也愈发奇怪，俗话说"普天之下，莫非王土。率土之滨，莫非王臣"，皇帝不缺钱但是万历帝却爱好钱财，通过近臣、宦官在外面敲诈勒索，来充盈自己的小金库。在危机重重的明朝末年，皇帝不顾百姓的疾苦、死活，没有积极地救济人民，而是把自己的内库弄得金银成山，这是十分荒唐、可笑的。更让人无法接受的是，万历十四年（1586年），朱翊钧告别了他的王公大臣，开启了30余年的"深居"生活，从此他几乎没有上过朝。导致以后连内阁的廷臣都不知道皇帝长什么样子。面对这种局面，大臣们虽群情激奋，却也无可奈何。万历十九年（1591年），这时王弘诲正任南京礼部尚书，他在目睹这种局面后，上《请召对豫教疏》。他在这篇疏奏中指出万历皇帝荒废朝政、沉迷声色对国家的危害，好心劝告皇帝应该勤政。支持他多与臣子接触，商量国家大事。

万历二十年（1592年），王弘诲又针对皇帝的疏政、怠政，上《请朝讲公疏》，指出当时国家巨大的危机。王弘诲不顾自己的身家性命，勇敢

① 王弘诲：《赠太子少保南京礼部尚书忠铭王先生传》，《天池草》，王力平点校，海南出版社，2003，第625页。

上疏的举动获得了世人的钦佩。

明朝中晚期，我国资本主义萌芽初露头角，各地手工工场出现并发展，商品经济极具规模。晋商、徽商等地域性商帮发展，长途贩运成为重要的商业方式。全国尤其是长江中下游地区，商业市镇数量急剧增长（如广东的佛山镇，江西的景德镇，湖北的汉口镇，河南的朱仙镇，统称四大名镇，分别因其特色产业而出名）。随着城市商业的发展，不可避免地出现了一系列社会问题，比如贫富两极分化严重，农村农业日益衰败，奢靡之风传播（特别是经济发达的东南、长江中下游地区）。王弘诲针砭时弊，就泛滥的奢侈浪费之风提出了自己的意见。万历十八年（1590年），弘诲上《礼部题禁风俗奢靡事宜疏》，他认为这种现象的出现，不仅仅是因为法律制约的疏漏，还是风俗礼教之风不正的结果。因此，他建议朝廷根据明初《洪武礼制》等书籍撰写谕旨，在全国范围内张榜公告，以期掀起一场崇尚节俭的运动。

尽管王弘诲沥胆堕肝、赤心报国，不顾个人安危多次上疏，但他的意见大多没有被神宗采纳，他的官位也迟迟不见上调。因此，他不免对皇帝、朝廷大失所望，心生倦怠官场之意。万历二十六年（1598年），王弘诲上《考察自陈疏》。他说自己年老多病，不能再给国家效力，要求提前退休。在他的多次请求下，万历二十七年（1599年），朱翊钧下旨准奏。虽然王弘诲离开了派系林立、鱼龙混杂的政坛，但他拳拳报国之心中的火焰并没有熄灭。在他回乡之前，又上《致仕谢恩陈言疏》，他在其中系统地就当时国家的情况提出了自己的建议。他建议万历皇帝：减免赋税，廉政爱民；广开言路，体贴下情；重视国防，切莫贪财。[①]

3. 博涉诸学，多方探索

毫无疑问，王弘诲作为明代通过科举考试进入仕途的知识分子，他受儒家思想的影响是很深的，他政治生涯里对朝廷的耿耿忠心和对黎民百姓的满腔热情以及忠言直谏就很能体现出他作为一名知识分子兼济天下的精神。但他并不满足于仅接受儒家思想的熏陶，他对基督教、佛教、道教也有很大的兴趣，当然作为传统封建士大夫的他，更多地从提高个人修养的角度，有意识地接触宗教。

---

① 王弘诲：《致仕谢恩陈言疏》，《天池草》，王力平点校，海南出版社，2003，第42-43页。

利玛窦,意大利马塞拉塔城人,年少时就开始学习天主教的经典,他后来在大学中学习法律,也对天文、数学、哲学等学科领域有极大兴趣。万历六年(1578年),利玛窦前往印度果阿。万历八年(1580年),利玛窦正式成为一名神父。1583年(万历十一年),他来到中国广东肇庆,自此到死,利玛窦一次也没回去过意大利。他是较早来到中国的欧洲传教士之一。

万历二十一年(1593年),王弘诲南京礼部尚书的任期已满,在得到神宗的同意后,他带着妻儿老小回乡探亲。一行人行至广东韶州时,弘诲得知当地有几个金发碧眼的外国人在这里弘扬异域的宗教,便心生兴趣。他亲自前往利玛窦的住地拜访,这也正中利玛窦的下怀。利玛窦很清醒地意识到:基督教要想在中国造成更大的影响,就必须借助这里的上层人士。像王弘诲这样的高官,是不二的人选。利玛窦极其热情地接待了王弘诲,并向这位尚书介绍了他从欧洲带来的许多物件:世界地图、欧几里得的《几何原本》、三棱镜……

王弘诲被这些新奇的物件弄得大吃一惊。他从没有见过如此多的国家被画在一张纸上,而且有大致的海陆轮廓。他还没有见过除了中国传统数学之外,其他完整的数学著述。他更没有见到过阳光在经过一个小物件的折射之后变得五彩斑斓的场景……

他深深地被这些异域奇珍吸引住了。同时,两个人相谈融洽,有一点相见恨晚的感觉。两个人在进行了坦诚的沟通之后,王弘诲答应等到自己北归时,把利玛窦一同带上,并将他引荐给万历皇帝。万历二十六年(1598年),王弘诲携利玛窦及其他耶稣会神父沿大运河北上,于八月七日抵达京师。利玛窦成了最早进入中国政治中心的西方传教士。

王弘诲虽然极力帮助利玛窦等天主教神父,但他始终没有皈依基督教。他是传统的封建士大夫,并不会轻易放弃自己原有的传统儒家价值观。但王弘诲的一个儿子不仅入了基督教,而且还参加了他们的传教工作,起了一个教名"王保罗"。王保罗后来回到海南积极传教,招揽了大批信众,他还让自己的妻儿接受了洗礼,这是基督教在海南的开端。

王弘诲对各种学说总是抱有非常浓厚的兴趣,他除了对基督教的学说感兴趣外,对佛教的兴趣也非常浓厚,善交佛教人士,在他病休海南的两年时间里,他得知憨山大师谪居雷州,便邀请他到海南,以佛学思想涵养自己的儒学。

晚年的王弘诲对道教文化也是非常感兴趣。王弘诲自万历初年开始，就几乎没有晋升过官职，再加之自己的奏疏不受皇帝重视。政治上的不得意，让王弘诲萌生起厌倦官场、归隐桑梓的思想。他的内心自然也就与“退一步海阔天空”的道教思想碰到了一起。他在晚年曾作六言诗《隐居》，诗中说：

九万北溟羽翮，八千南楚春秋。
寸舌常扪在否，微躯此外何求。
出世金仙大意，还丹玉诀真诠。
樗栎幸逃大匠，支离自保天年。
……
得丧此生喻马，姓名与世呼牛。
栩栩庄生蝴蝶，悠悠飘瓦虚舟。
刘伶用酒止酒，渊明作诗戒诗。
到处有乡称醉，逢人问叟名痴。[①]

诗中所提到的“金仙”“庄生”“渊明”等名号，都与避世的道教息息相关，清晰地表明了王弘诲对道教的关注。

王弘诲还对与道教有密切关系的堪舆学有一定研究，特别注重改造地方的风水形势。万历三十二年（1604年），王弘诲倾其所有在故乡村边上建了一座“龙门塔”，并将自己毕生所存典籍尽藏于内。后来，他又筹措在文昌木兰角（明代海南岛最北端）的七星岭主峰上建一座七层砖塔，这塔名为“斗柄塔”。在这座岭上建塔，在堪舆学上有特殊的说法，七星岭与岭下大海里由七个小岛屿组成的七洲列岛，对应着天上的北斗星座。建塔既可镇海导航，又能改变风水，起到镇邪作用，遗憾的是，没等砖塔垒好，王弘诲就与世长辞了。

4. 兴学助教，诲人不倦

海南岛，历来被封建统治者视为不开化的蛮荒之地。自隋代开始，直至元、明，海南岛都是国家重要的流放地，被贬官员到海南岛对海南文化教育起到很大的作用。而海南本土的仕官文化对海南的教育和文

① 王弘诲：《隐居》，《天池草》，王力平点校，海南出版社，2003，第604页。

化的推动更加显著，邢宥、王弘诲等人以及清代的仕官对海南文化的发展起到非常重要的作用。

封建社会很长的一段时间内，海南学子要想参加科举考试就必须去广东。海南读书人为了能够出人头地、光耀门楣，冒着生命的危险乘船渡过波涛汹涌的琼州海峡。偌大的一个海南岛，政府竟没有设置一处考场供学子考试。今天看来最窄处不过40华里的琼州海峡，我们已经有了汽车、火车的轮渡，当然也有飞机，渡过是很容易的。但在四五百年前的明朝，那对于海南学子就是一道天河，他们面对的，不仅是恶劣的自然风暴，还有不时出没的海盗。嘉靖十六年（1537年），三艘满载海南学子的船不幸倾覆，竟无一人生还。嘉靖三十六年（1557年），又有满载学子的船只遭遇不测，500多人全部葬身大海。领队的临高县知县杨址和他的官印一起沉入深渊。

看到同乡学子面对的险恶处境，王弘诲痛心不已。万历四年（1576年），王弘诲上《拟改海南兵备道为提学道疏》，文中指出：琼地学子处境困难，渡海考试实为不便。朝廷应该参考秦、陇二省的范例，将组织海南学生考试的权力授予海南道兵备副使督办，让琼州学子免受渡海之苦。

次年，万历皇帝就批准了王弘诲的方案。他的行为间接性地提高了海南的教育水平，对海南岛教育事业的发展产生了极大的正面影响。使科举制度在海南的根基日趋坚实，更多的读书人入朝为官。

书院，是中国独有的教育组织和学术研究机构，多为著名学者创建或主持。书院设山长，主管教学，兼管院务。书院始于唐朝，大规模发展于宋朝，清末新政时，书院尽皆改为学堂。在近千年的发展中，宋明理学（程朱理学和陆王心学）对书院机构产生了重要影响，诸多理学家更对书院的发展作出了重大贡献。南宋时期，淳熙六年（1179年），朱熹重建了江西白鹿洞书院。绍熙五年（1194年），他又重建了湖南岳麓书院。到了明代，陆王心学的代表人物王守仁在江西吉安青原山讲学，此地便成了理学的中心，史称"东南邹鲁，西江杏坛"。后世为纪念他，在此地建立了"阳明书院"。王阳明所处的明中叶，是中国书院的一个小的黄金时期。但从嘉靖中期到万历初期，发生了几次声势浩大的禁毁书院活动，在全国范围内拆毁了大量书院，书院事业被严厉打击。

万历二十一年（1593年），王弘诲回乡休假时决心在家乡定安设立书院，推广文化。他为这件事耗费了大量精力与金钱，也表现出他果断、好学的魄力。万历二十二年（1594年）书院建成，王弘诲为其起名为"尚友书院”。尚友,顾名思义,就是友好天下的文人、士子。王弘诲还特地为此事撰写了《尚友书院约言》,阐明了自己创办书院的目的与宗旨。

隆古之世,道德粹白,风俗淳美。士有操行而无议论。学绝道丧,百家之言烦兴,遂致纷纷藉藉,不可胜究。司世教者忧之,于是始倡为白鹿、鹅湖、石鼓书院之会,相与翕聚精神,讲求圣门一段真正学脉,然后洙泗以来不绝如线之绪,赖以不坠。明兴,江门、余姚相继崛起,揭主静、良知宗旨,振起聋聩。一时从学之士,如寐方醒,羽翼昭明之初,于是为大。今海内士大夫辟堂讲学,所在而有,乃真儒之效,若不少概见,何哉?岂斯文之兴,实关气运,时尚有所待耶?

不佞自曩岁创起尚友书院于黄宫之侧,群诸英彦,隶习其中,尝发举业、德业合一之论,冀与吾党,同心切磋此义,庶几由粗及精,用企身心性命之益。乃或有谓道贵躬行,纷纷聚议,徒为谈虚无益者,是殆不然。夫人患不行耳,诚欲见之躬行,譬之适国者然,戒途问道,自不容已;不然,未有不蹈夫实行之咎者也。盖昔者夫子尝欲无言矣,乃他日又以学之不讲为忧。当时三千、七十之流,各持其异,以游于圣人之门,皆衷其名言,而如愚以归,然后异者合而道术始一。故圣人者,群言之宗,而道之岸也。而讲学尚友者,所以折衷群言,质诸圣,会通于道,而合异为同者也。故曰:大言炎炎,小言詹詹。言亦胡可少矣。乃夷观古之人,所为致用而动以底天下之绩,皆其隐居之静言;而其夙夜亮采明试之功,即其所为敷奏先资之实,其言行之惜惜若此。下此而汉,颇不逮古。然士之治经术者,犹皆颛门守墨,笃信其师说而不悖,至以语其世主,必曰“吾师之言如是”,则犹以先民遗风焉。讵若今之采撷缉缀,娱人晷刻,即弊帚视之,甚乃因缘为利,而矜巧慧,称雄杰,为世诟病,其谓之何?此忧时悯俗之士,所以感恻伤叹于近世时文之缛,而举业、德业合一之论,自昔先民所由发也。故愿与诸君子,相与虚心商求焉。请断自今,每岁四季,集同志者一会,约以季之仲月十有二日,会请于尚友书院,自官师、乡先生、孝廉、逢掖,及凡民之俊秀俱在焉。次日,方群诸英彦有志者,再会文艺,相与折衷奥旨,庶不至务华绝根,德业、举业相资互发,倘亦白鹿、鹅湖诸儒先嗣响乎?敬与同志勖之。[①]

① 王弘诲:《尚友堂会约言》,《天池草》,王力平点校,海南出版社,2003,第337-338页。

文中，王弘诲指出了创办书院对文化进步发展的重要影响。他还肯定了王阳明心学中“知行合一”理论的正确性。他批评了那些反对他兴办书院的人。提出书院是为思想启蒙和学术争鸣而创办，允许不同学派前来讲会，互相之间可以进行问难、论辩。当然，这样办学也会提高海南读书人参加科举考试的成功率。

除此之外，王弘诲还支持了定安县学的修缮与发展，并欣然为其撰写了《定安县学重修记》。

王弘诲有一个女婿，名叫张元太，也是定安地区有名的读书人。张元太意欲建立一个文学性的社会组织，请求自己的岳父能把他的房屋让出作为活动场所。王弘诲认为自己的寓所过于狭小，不利于大规模开展文化活动，就建议新修房舍作为场地。张元太接受了弘诲的建议，募集资金，在龙冈建造了会所，史称“龙冈社会”。王弘诲亲自为其撰写了社团规章《龙冈社会引》。

王弘诲在几十年的岁月里，屡次通过上疏、捐赠、撰文等方式支持海南的文教事业发展，为琼岛人民作出了巨大贡献。

（五）其他贤士略影

海南的历史文化主流不可缺少贬官文化，也不能缺少仕官文化。丘濬和海瑞是海南儒学的双峰。正如孔见先生所言，丘濬著作等身，衍义治国平天下的义理，海瑞以浩然正气和特立独行，践行了圣贤正心诚意、舍生取义的精神。这二人是较早跨出海岛的人，他们不同程度上影响了中国的社会文化。除了上文所介绍的丘濬、海瑞和王弘诲，还有一批海南人也是通过科举而入仕，出现在中国的政治舞台上：薛远，官至吏部尚书、兵部尚书；邢宥，官至右佥都御史、都察院左佥都御史等；唐胄，官至都察院右佥都御史、户部右侍郎等；钟芳，官至兵部右侍郎、户部右侍郎；梁云龙官至兵部侍郎；乃至清代的谢宝、张岳崧、潘存等等。

他们不仅在社会政治舞台上施展身手，尽显才华，而且耕耘学术文艺，使海南学坛艺苑硕果累累。对海南影响最大的是他们为官期间或致仕之后，创办和捐建学校和书院，他们中有一些亲自上讲坛，从事教育教学活动，他们是海南历史的建设者和推动者。

海南在宋代和元代也有创办书院和学校的，但大多由岛外人士倡建和创办，比如琼山府学、琼山县学、琼山东坡书院、儋州东坡书院、琼山附郭社学等都是由朝廷所派任的官员或者贬谪海南的官员创办和讲学，办学地址也在任职之地或贬谪之地，数量较少，分布不均匀，因此进入书院读书的海南弟子并不多。

明清时期，海南本土进士和举人从本人的经历中感受到教育对于人的命运和海南建设的重要性。因此，在任期间不忘海南的教育和文化兴衰，致仕归隐后也为家乡的教育和文化发挥余热，一时海南讲学之风蔚起。地方名贤筹集资金、建筑房舍、购置田产，以田租收入做常年经费，前文所写的王弘诲建尚友书院教育后学就是非常典型的例子。王弘诲之前的丘濬于明成化六年（1470 年）归琼丁母忧期间，在府城创办奇甸书院 [清康熙四十七年（1708 年）改为景贤祠]；明代琼山进士唐胄，在被夺职还乡时把其始祖唐震所创办的攀丹义学院改为养优书院[①]，并广招学子，执掌教事，培养学生；明代琼山进士许子伟在儋州设置义学，又在琼山府城开办敦仁书院；清代琼山进士吴瑛于乾隆后期在琼山府城万寿亭街办珠崖义学，府城学子得以免费读书；清代琼山举人冯骥声与该县陈起倬在光绪十年（1884 年）创建研经书院；清代文昌举人潘存晚年同观察使宋亮生一起筹建文昌溪北书院，购藏图书，栽培后学。这样的例子很多，倡建的学校书院数量很多，规模不一。

创办学校和维持办学需要大量的经费投入以及人力、物力的支持，私人办学经费主要来自民间资助和家族经济支持。明清两代，发展教育和培养人才的行为已深得人心，各界人士对于办学纷纷慷慨解囊。而在这群人中，海南的进士、举人是重要的组成部分。他们或筹措文教设施，或捐赠俸禄财产，不遗余力，前面列举的这些学校、书院创办者，本身也是捐资助学者。更多的贤士没有创办学校或书院，但是他们通过向学校或书院捐赠俸禄、财产和提供物资来表达对家乡教育事业的重视和支持。海南第一位进士符确曾以退职俸银购置盐田八亩出租，所得用于家族教育和家乡教育；琼山举人周奇健亦于辞官回乡后购置田产，赈助族中的贫困子弟读书求学；琼山进士吴碘鉴于琼州府学年久失修，乃捐资重修之，并换上了坚牢稳固的石柱（海南地气卑湿，兼之台风频发，屋舍易毁损，木质易腐霉）；万州进士杨景山、文昌进士林其笼等皆曾捐资并主持修建本县学宫；琼山进士丘濬在府城修建藏书石室，购置大量图书文献，免费供乡人子弟阅览借读。作为海南社会的精英分子，海南贤士

① 正德十二年（1517 年），按察司副使王宏改校名为西洲书院。

出力出资办家族教育或民办教育,或者支持海南官办教育,这些行为大大促进了海南的教育发展,推动海南文化的建设。

海南贤士对海南文化的影响还表现在登坛讲学的行为。他们利用致仕退养或赋闲在家或养亲守孝的空闲时间,亲自授课,指导学子。唐胄被夺职还乡后,20 年里掌教西洲书院,教书育人;王弘诲在自己所办的尚友书院亲自编制课程,为学子上课和修改作业;琼山进士许子伟曾在玉阳书院讲学;潘存曾在蔚文书院担任教职。清代海南最高学府琼台书院更是云集一批海南本土贤明——琼山进士谢宝在壮年时弃职回乡,担任琼台书院掌教,挑起书院的管理和教学工作;澄迈进士吴缵姬在金榜题名、尚未入仕的时候即返回海南,走上琼台书院的首席讲坛,挥动着教鞭教书育人;琼山进士吴碘年方不惑之时因病退职,也曾在琼台书院教授学生;文昌进士云茂琦于归琼养亲之暇,会同进士杨家冕在致仕返琼之后放弃颐养天年之机,担任琼台书院的主讲并病卒于书院;琼台书院培养的学子海南探花郎张岳崧,为回馈母校的培养之恩,应书院邀请主讲教坛,勤勉施教,恪尽职守,致力于教育。海南还有很多的进士或举人也曾在海南的官办或私立学校、书院担任教职。他们培养海南科举精英、青年才俊,著书布教,尽显风采。

总之,海南贤士不仅仅是知识的传递者,更是海南精神的传承者,他们在海南的教育和文化发展中扮演了举足轻重的角色。

第四章　传统风俗

在不同历史阶段，海南岛接纳了来自不同背景的移民，这些移民带着各自的文化背景和生活习俗，他们在海南岛上繁衍生息，共同构成了海南丰富而多元的社会群体。中华人民共和国成立后，随着人口统计和民族识别的需要，海南这些由多元成分构成的群体被归属到汉族、黎族、苗族、回族等民族群体中。

汉族，是海南省人口最为庞大的民族群体，他们主要聚居于海南岛的北部和东北部的海口、澄迈、文昌、琼海、万宁，以及岛中部、南部、西部市县的部分地区。黎族，是海南省第二大民族群体。他们主要聚居在海南岛的中部及南部地区，包括昌江、保亭、五指山、琼中、白沙、乐东、陵水、三亚、东方等市县，黎族保留了较多的原始文化，是非常古朴的民族。苗族，同样作为海南省重要的民族群体，其人口数量相对较少，主要生活在海南岛中部、南部的山岭上，大多与黎族为邻。因为他们迁居海南岛的时间较晚，经常向黎族和汉族人租赁和购买土地耕种，被称为无产者。此外，回族也是海南省内一个不可忽视的民族群体，回族人主要聚居在三亚。四个民族在传承自己原住地的风土人情的同时，在海南岛这块土地上又产生了新的文化特质。

一、家族迁徙中的风土民俗的传承与重塑

（一）家族集体移民下宗族村落的形成

在海南的北部、东北部地区以及中部一些汉族人聚集的地区，深入探访那些古老的村落，我们不难发现它们共有的显著特征是，村里普遍

设有村民共同供奉的祖先的宗祠，而村落的传统民居则遵循着严格的布局即由正屋与横屋相互组合而成，正屋的构造尤为讲究，面阔三间。且在同一村落中，正屋与正屋之间紧密相连，形成整齐的竖排布局，数个这样的竖排布局共同构成了村落的主体建筑群。这些竖排的正屋在规格上保持一致，展现出一种井然有序的规划美。而居住在这些连成竖排正屋中的家庭，往往同姓同宗，他们之间存在着紧密的血缘联系。这些家族不仅共同维护着祭祀祖先的宗祠，还保留着祖上传下来的族谱，传承着从祖籍带来的宗祠制度。村民之间有共同的价值观，形成了一个个具有宗族色彩的社会团体。

追溯这些村落的历史，我们可以发现，它们大多源自宋代以来，由中原地区以及湖广、闽的家族群体迁移至海南岛所创建。这些村落不仅是宗族文化的载体，更是海南历史乃至当代文化中不可或缺的重要组成部分，深刻体现了海南汉族地区独特的家族文化与社会结构。

为了能更好地阐述家族集体移民下海南宗族村落的形成，这里要先介绍中国的宗族文化。

宗族文化是祖先崇拜的产物。宗族最初的含义是围绕宗庙祭祀的聚族者，后来指基于父系血缘关系结合而成的亲族群体。它的起源与西周宗族制度紧密相关。西周时，宗法血缘与国家政治合一，天子分封土地和居民给王室子弟，形成诸侯、卿大夫和士的统治阶层。在同宗同族的群体中，逐步产生以血缘为基础的族权与政权结合，形成贵族宗族制度。

春秋战国时，社会变革，同宗同族间亲情疏离，大宗王权削弱，小宗卿权增强，士阶层积极参与社会活动，打破贵族专权。魏晋时，九品中正制和占田制推行，名门世族兴起，世族和地方豪强势力扩张，形成门阀士族。门阀士族均拥有大量土地和政治经济特权，因此，宗族制向士族制度转变。

隋时，开设科举考试，废除九品中正制。唐朝推行均田制、科举制度，一定程度上打破了士族等级。安史之乱期间，大量的士族被消灭，门阀士族加速衰落，即士族制度到唐代开始衰落。

北宋范仲淹、欧阳恂、苏轼等人推崇宗族地位。苏轼倡导宗谱学，他亲自设计的谱式后世沿用千年。范仲淹提倡宗族设义田，保障族人生活。吕大钧提出《乡约》，随后在他家乡得到推广。南宋以后，朱熹推崇吕氏《乡约》，江南地区形成了一套公认的价值取向。这些表明，士族制度衰落后，宗族制度很快取而代之，此时的宗法组织是以民间自发组成的方式重建的。它不同于西周血缘政治结合的贵族宗族制度，而是更具有平民性和普遍性。

明弘治十一年，曾先后担任永嘉县令与温州知府的文林，制定《族范》，随后，《族范》在温州及江南地区流传开来。很多家族将此写入自己宗族的“家训”“族规”或“族范”，以约束和规范家族成员的行为。

清朝时，雍正皇帝推广《圣谕十六条》，鼓励宗族建设家庙、家塾、义庄和修族谱。清代宗族组织在乡村中承担各类社会事务，对统治阶级的稳定有促进作用。

由以上分析可得出，中国的宗族制度在宋代逐渐呈现平民化与普及化的趋势，当时，统治阶级在民间积极倡导宗族制度，并将其视为辅助统治、维护社会稳定的重要制度。民间则积极响应，广泛修建宗祠、编纂族谱，并举行宗族祭祀活动。进入明清时期，宗族制度更加深入人心，成为大众化的社会现象。宗族作为一个社会团体，其族长扮演着指导族人活动、执行内外事务的重要角色，对社会的稳定与族人的发展均起到了关键作用。因此，宗族对民间社会的影响日益显著。

海南岛，作为一个典型的移民型岛屿，其历史发展深受不同时期、不同地域移民的影响。自宋代起，移居海南岛的汉人渐多，明清时期，大批北来的人迁移到闽地后，又因闽地人多地少或局势动荡，开始大批向更南的地方移民，海南也是在这些时期迎来了移民的高潮。海南文史专家王俞春先生在《海南移民史志》对海南 112 个姓氏 205 位渡琼始祖进行了统计，其中 65 个姓氏的 123 个先祖来自福建，占 60%。可见在迁移人口中，来自福建的人口最多。当然还有来自广东、山西、湖南、湖北、江西、浙江等地的。明清时期的移民，他们到海南岛的路线大致有两条，一是从雷州半岛到海南岛，从琼山、澄迈登陆。另一部分是从闽南地区直接坐船走水路到达海南岛，从文昌登陆，这些移民主要分布在现在名为海口、文昌、琼海、澄迈、万宁、屯昌等市县。

海南移民的高潮时期，与中华民族宗族文化的平民化进程，以及民间广泛兴起的宗祠建设、族谱编纂等活动的时期，呈现出高度的同步性。因此，明清时期，以家族为单位的集体移民成为主要的移民模式。这种迁移模式促进了海南家族村落的形成。海南家族村落的形态表现在：规模大者为一村一姓的聚居格局；规模小者则是几个姓氏的家族组成的村落。不管是哪一种形态的村庄，都承袭祖籍地的宗族传统，延续着血缘纽带的紧密联系。他们的群体不仅祭拜姓氏的古老始祖，还祭拜第一个迁到海南岛的迁琼始祖。通过族谱层层追踪溯源，把子孙后代联系在一起，客观上促使家族成员树立了祖先崇拜的观念，在与祖先的关联中明确个人辈分与等级，重视血缘与宗姓关系。

村落家族组织为各姓氏人群营造了一个浓厚的家族文化氛围，使得他们的居所不仅仅是“屋”，更承载着家族的意义；宗祠不仅是“祖”的象征，更是家族精神的寄托；家谱则记录着家族的“血脉”，延续着世代的传承。在这样的背景下，海南大部分地区是一个由家族文化延展而成的恩情世界，其中，无论是子女与父母、兄弟与姐妹、宗亲与外戚、师生与朋友，乃至所有社会成员，均因生命、生存与恩情而构建出一种或紧密或松散的情义关系网络，这一网络成了海南社会的基本秩序。①

即便在20世纪政治运动风起云涌的时期，当中国许多地区的村落宗族文化遭受冲击、逐渐淡化之时，海南的宗族文化却并未完全消逝，而是由明转暗，在无法被政治监控的隐蔽空间中继续存续。时至今日，随着经济的快速发展，海南的宗族文化再度由潜层浮现至显层，宗祠建设、族谱编纂、宗族祭祀等活动的频率在族人的积极支持下显著增加，展现出强大的生命力与影响力。

（二）传统村落的标志与移民文化的印记

在海南，凡是汉族人所居住的村落几乎都可看到宗祠、神庙，即使随着现代化进程，传统的民居已经被高楼大厦所代替，村落已经变成城市，但是不变的是宗祠和神庙依旧存在。宗祠和神庙是传统村落的组成部分，也是移民文化的另一种体现。海南的宗祠和神庙有本质的区别。宗祠是放祖先牌位和祭拜先祖、商议族事的地方。神庙是安放村落（地方）保护神——境主的地方。围绕着宗祠与神庙，村落的民众在生产与生活中孕育了独特的风土人情。

宗祠是宗族的核心，其在人们的日常生活中有着重要的意念场（或称心理场）作用，是族人现实生活中的精神寄托和支柱。

作为宗族文化重要标志的宗祠，早在宋代已见于海南地区，但更多的是清代建起来的。有的宗祠是在迁琼始祖生活过的村落由族人捐资

① 阎广林：《海南岛文化根性研究》，社会科学文献出版社，2013，第80页。

而建成,这样的宗祠往往是海南各分支宗祠的祖祠。因为,移民迁居海南后,繁衍生息,族人不断增多,最初居住的村庄的土地满足不了日益壮大的族群生存的需要,宗子只能搬离始祖所建的村庄,寻求更具有发展的地方组建村庄。随着宗子的搬迁,宗族文化在新的村庄中得以延续。有些宗子在新的村庄中建立宗祠,这是支祠。比如海南王氏迁琼始祖王居正,为宋代官员,被秦桧诬告被贬海南,病逝于琼山府城。跟随其到海南的大儿子王斗魁落籍琼山,生下九子。因王氏后代子孙众多,部分子孙搬迁到海南不同地方。子孙所在村庄又建立宗祠,府城的王氏宗祠就成了其他宗祠的祖祠,其他村庄的宗祠则是王氏支祠。值得说明的是,祖祠和支祠的建立时间并不一定是祖祠先建,支祠后建,在海南,有些支祠先建立,后来始祖所在地才建立宗祠,支祠子孙追踪溯源,祖祠和支祠的关系才得以确定下来。

还有一种情况,宗族人口发展过快,本村最初建立的祖祠容纳不了太多族人的活动。因此,子孙后代中的某一分支在本村落另外设祠,满足分支族人的需要。比如澄迈罗驿村已经有宗祠,但族人发展迅速,因此第三支继承了始祖的宗祠,第一、第二支从始祖宗祠中分离,另外建立支祠,支祠位置还是在此村落中。

在海南,汉族人所在的地方几乎都出现过宗祠。在做了调查后,海南文史专家王俞春先生在《海南祠堂》一书中写道:“旧时海南城乡,到处都有祠堂。即使是只有几户十几户同姓的小村,不管多么贫穷,也要建一间祠堂。多个姓氏聚居的大村庄,则是一村有数间祠堂,一般是一姓一间。在各县城、州(军)城,还建有多间各姓氏全岛性或地域血缘性的大宗祠。例如在府城就有全岛性的王氏、陈氏、黄氏、吴氏、唐氏、邱氏、钟氏等大宗祠,在海口有符氏、潘氏、林氏、云氏等宗祠。”王老所谈到的县市、州城的宗祠,其实在古代曾经是州(军)城周边村庄的宗祠,比如,明代的邱氏、吴氏宗祠所在地是琼州府的下洋村。古代作为州(军)城的面积是非常小的,在州军(城)外是大大小小的村落,直到现代这些村落才在城市化过程中成为城市的一部分。

很多村落在历史上都有过宗祠,供奉着祖先神位,但是由于时间流逝,宗祠自然毁坏或历史原因被人为破坏了。在20世纪80年代后有些村落重建宗祠,但有些村落宗祠没有重建,即使宗祠没有了,但祖先崇拜的文化一直在海南汉族地区延续。

围绕着宗祠,众多姓氏宗族有到宗祠进行祭祀的传统。祭祀的具体时间与频率,均由族人内部约定俗成:一般而言,祭祀活动定于正月内的某一日举行;至于祭祀的频率,则依据各姓氏族人的共同商议结果而定,可能为每年一次,或两年或三年一次不等。因此,不同姓氏之间,其祭祀的具体时间与频率均呈现出差异化的特点。

在祭祀盛典之日,全族成员摆上供品,在族长的带领下,族众依据辈分与既定顺序,举行祭拜仪式。期间有专人诵读祭文,追思祖先丰功伟德,以表敬意与缅怀之情。如遇到宗祠重修完毕或再建宗祠,祭祀的规模更大,场面更加壮观。

祭祀活动所需经费,在古代,主要由族田的收入来承担;而至当下,则转变为依据人口数量(即按丁)分摊费用。

当然,汉族地区男子结婚前一天,要到宗祠祭祀祖先,并告知祖先将迎娶新人。有些地方,新郎把新娘迎娶回来后,也需要把新娘带到宗祠,告诉祖先已迎娶妻子,从此以后将承担起成年男子的责任和义务。

除了前往宗祠进行祭祀活动外,清明节与冬至是族人前往墓地祭祀逝者的重要时刻。值得注意的是,海南地区在此类祭祀活动中,不仅沿袭了祭拜亡故亲人的传统习俗,还有到墓地祭祀迁琼始祖的传统。历史发展到当代,距离迁琼始祖到海南的时间很远。迁琼始祖的子孙后代人数众多且分布地区广泛,因此祭拜迁琼始祖的具体日期需由多个地区的族人代表共同商议后再确定,一般来说就在清明节或冬至日的前后时间范围。

在海南的汉族地区,传统村落的公共建筑体系中,除了宗祠这一核心元素外,神庙也占据重要地位。部分村落,宗祠不仅承载着供奉祖先牌位的职责,还兼具供奉村落保护神的功能,实现了宗祠与神庙功能的有机融合。在多数村落中,宗祠与神庙是截然分开的建筑实体,各自履行着不同的功能角色。这一背景下,"一村一庙宇,一姓一宗祠"成为海南传统村落中一个极为鲜明的特色。当然,也存在极少数特例,即数个村落因村民有共同的血缘关系而共享同一宗祠与神庙,这种情况通常出现在地理位置相近、血缘关系紧密的几个村落之间。

神庙中的神多种多样,他们有些是历史人物发展而成的神,比如关公、冼夫人、马援等;有一些是一些地区共有的神,比如妈祖、龙王、昌化老爷等;还有一些是村民自己创作出来的神,比如泰华三仙、岭腰境主、下屯境主、石窟婆、西湖娘娘等。[1] 他们保护着村落地境，保护人们的生产和生活，满足人们不同的心理追求，这些神虽然具体名字不一，但是统称保护一方的境主。

海南汉族人在春节、清明节、端午节、中秋节、军坡节等传统节日有祭祀庙里的神的习俗。其中以军坡节最为隆重，比其他节日的祭祀仪式更加繁杂。这里先简单介绍军坡节，再说军坡节的祭祀活动。

军坡节最早起源于民间纪念冼夫人的活动。冼夫人是南北朝时期的南方女英雄，因她的功绩，海南在很长的一段时间内，社会稳定、经济发展。因此，海南人民为了纪念她，便设立了军坡节纪念冼夫人，并在此节日对她进行祭祀。此后，海南民间不断地产生地方保护神——境主，民间百姓为了很好地祭祀和感谢境主，也特为境主设立节日以表纪念，有些地方直接把这个节日叫军坡节，有些地方因为境主有男境主和女境主之分，因此纪念男境主的节日叫公期，纪念女境主的节日叫婆期。海南各地所举行的“军坡节”和“公期”“婆期”活动虽然在节期与具体活动上不尽相同，但本质上都是以村庙为中心所举行的祭奠境主并进行祈福禳灾的活动。事实上海南人对“军坡节”与“公期”或“婆期”的称呼并没有严格区分，在交谈的时侯，节日的称呼常常可以互换。

在军坡节那天，村民们通过一系列有仪式感和传统色彩的活动，表达了对神灵的敬仰之情，也促进了亲友的交流。

·般来说，军坡节那天会举行“装军仪式”，即村民们自发组成队伍，抬着神像，模仿行军的士兵在境地上巡逻，这种仪式模仿冼夫人当年出征时的阅兵仪式。在巡游过程中，队伍中的人员，有些手持兵器或法器，伴随着锣鼓声和鞭炮声，行走在境主所管辖之地，护村民一方净土。

有些地方的军坡节，还会举行穿杖、过火山、上刀梯等活动，穿杖是让钢杖穿过身体的某些部位（一般是腮，所以也叫穿腮），穿过之后而不流血或不感觉疼痛；过火山则是村民在道公带领下赤脚走过由炭火堆成的“火山”；上刀梯则是徒手攀爬由锋利刀具组成的梯子。通过种种活动纪念神灵和显示神灵威风。

节日当天，相关的人家会大规模接待客人，来者大多是亲朋好友，还

① 在此类中，有一种神灵是村民把去世的祖先升格为保护一方的境主，并且雕刻神像放在神庙宗祠中，这种行为体现了古人由祖先崇拜转向神灵崇拜的过程。

有一些则是亲戚好友带来的客人。他们都受到主人的热情接待。有些村庄的军坡节中,村民们还会合资请琼剧团晚上来表演琼剧。

军坡节是海南人民祭祀境主、祈求平安的传统节日,更是促进邻里、亲戚朋友和谐共处、增进情感交流的重要平台。

(三)多成分移民融合催生了多彩的方言

在不同历史时期,来自不同地域、具有不同特征的移民群体,将各自原住地的语言带到了海南岛。这些语言在海南岛上,与来自其他移民群落的语言相互交融、相互影响,历经岁月的洗礼,逐渐演变出了与原住地语言有所差异的新语言形态。这一过程,导致了海南岛上多种方言并存的语言生态。具体而言,除了少数民族所使用的黎语、苗语及回辉话等语言外,汉族群落内部也形成了海南话、临高话、儋州话、迈话、军话、疍家话、付马话等多种方言,这些方言各具特色,共同构成了海南岛丰富多彩的语言景观。

汉族地区内,使用范围最为广泛的方言是海南话。该方言隶属于闽语系,与福建的闽南语及广东的潮州语、雷州语存在显著的相似性。是福建、广东潮汕、湖广以及中原地区的移民在海南环岛沿海州县定居后,经过长期的相互交流与融合,逐渐形成了一种方言。海南话也被称为“琼州话”。

儋州话则属于汉语粤方言体系,其分布区域主要集中在儋州市及昌江县的北部沿海地区,同时也涵盖了岛南部的东方市、乐东县、三亚市,以及岛中部白沙县、琼中县的部分村落。

军话,由中原军队戍琼而传入。军话是官方的话,因此,城里流行军话,百姓所讲的是各地方言。它在海南岛内有一定的分布范围,但具体使用区域可能因历史变迁而有所变化。军话在语音、词汇和语法上保留了较多的北方官话特征,与海南其他方言有所不同。

临高话,属于壮泰语支的一种语言,与壮语十分接近,是黎语、壮语、疍家话和汉语的混合物。是讲临高方言的先民和疍民、汉人长期交融的结果。临高话的使用者主要集中在海南岛的西北部地区。

哥隆话,是一种混合了仡佬语、黎语、壮语、海南话的语言,主要分布在昌江县的海尾镇、新港镇等地。也叫村语、村话。

疍话,属于粤语方言系统,接近广州话但声调略有不同。它主要在海南岛内的疍家人群中使用,是疍家文化的重要组成部分。

汉族移民的多元化趋势不可避免地导致了方言种类的多样化。在海南岛上,这些方言又相互碰撞、交融,进而形成了与原迁出地有所差异的方言。

二、先住民的民俗风情

(一)树皮布、贯首衣及文身的历史传承

据黎族居住地区出土的新石器时代的石拍考证,黎族人在原始社会时期就会制作树皮布。宋代典籍《太平寰宇记》卷一百六十九“岭南道十三”中载:“琼州……其地风俗,居民中有夷人,无城郭之设……多居于深山洞穴之中,以绩木皮为衣。”此“绩木皮为衣”即指利用树皮制作衣物,虽记载于宋代,但黎族先民使用树皮制衣的历史实则更为久远。他们自山中采集树皮,经拍打去除外层杂质,保留纤维层,再经浸泡与晒干等工序制成树皮布,进而缝制为衣物、被褥及帽子等,此类服饰统称为“树皮布”服饰。树皮布服饰作为一种极为古老的服饰形式,被誉为“服饰活化石”,其历史可追溯至棉麻服饰出现之前。即便在黎族先民掌握棉纺织技术后,树皮布服饰亦未完全为麻、棉制品所取代。时至今日,在黎族的润方言与哈方言地区,仍有人精通树皮衣制作技艺,且部分家庭仍保留着以前制作的树皮衣。

贯首衣是人类发明纺织早期的服装样式,是新石器时代南方常见的服饰。班固在《汉书·地理志》中谈道:儋州、珠崖郡的人普遍穿着如同单被般的布质衣物,其特点是“穿中央为贯头”,即衣物中央开洞,从头部贯穿而入。这一记载充分说明,在汉代时期,贯首衣已成为海南黎族地区常见的服饰样式,其独特之处与中原地区的服饰风格大相径庭,因此被多处文献所记载。早期的贯首衣制作工艺相对简单,通常采用未经裁剪的布料进行拼合缝制。这种衣物可能无袖或虽有袖子但并未缝合,只在布料中央剪出孔洞,用以套在脖子上,上衣与下裙之间并无区分。新中国成立后,黎族润方言区的女子传统上衣便是贯首衣,这是传承了早期服饰的样式。

树皮布服饰以及贯首衣的延续传承，不仅体现了这两种原始服饰在黎族地区悠久的历史渊源，也深刻反映了海南黎族地区的社会进化相对缓慢。

文身作为一种文化符号，最初起源于氏族标识的需求。严禁同一母系的男女通婚，文身就是为了克服同一母系近亲繁殖的最好方式，当男女在社交中寻找配偶时，通过对方的文身图案，可以判断能否与对方通婚。黎族的文身习俗，在文献中亦被称为雕题、涅面、绣面、文面等，其历史源远流长。早在汉代，杨孚所著的《物异志》中便有记载："儋州，南方夷，生则镂其颊皮，连耳匡，分为数支，状如鸡肠，累累下垂至肩。"这段描述明确指出了海南儋州地区存在的文身现象。直至近现代，黎族妇女中仍有一部分人保留着文身的传统习俗。在黎族的某些地区，至今仍能见到一些年长黎族妇女的脸上、身上、手上、腿上镂刻的文身图案。

（二）多彩的民俗

1. 生产

古代，黎族人生产方式主要是"种山栏"①、狩猎和采摘。现在，黎族人以种植槟榔、橡胶等农作物为主要生产方式，也辅以种水稻。

（1）种山栏："山栏"本指山地旱稻。种山栏即在山地上种稻子，这是一种火耕农业，具有浓厚的原始色彩。

种山栏，首先是选地：每年的二三月份时，先选好耕种的山地，并做记号，代表此地已经有人选定，其他人不能再选。

接着砍山把地上的树木砍下，清理出一片坡地。等到树枝干枯，再把树枝焚烧。再接着是耕种：待到下雨时，经雨水浇灌后，土地变得松软，不用翻地就可播种时，方使用锥土的方式播种山栏稻种。种山栏的整个过程大约从二三月延续到十、十一月才能结束。由于耕种方式简单，纯靠自然的赠予耕种和收获，肥力有限，管理有限，因此收获极低。

（2）狩猎：是黎族人获得生活物资的重要方式。黎族人通过放狗、设陷阱、装圈、利用柴火打击、挂枪、安网、人群协同围捕、巡山等方式，

① 黎族和苗族早期的一种耕种旱稻的方式。

进行狩猎。所得之物满足自己生活所需，有时也拿去进行物物交换，获取生活用品和其他东西。自1949年以来，随着人口数量的快速增长和山林资源的大量破坏，山上的猎物数量急剧减少。一些历史上曾是黎族人民重要肉食来源的野生动物，因过度捕猎而濒临灭绝，被国家列为稀有动物并受到法律保护，因此从20世纪70年代起，黎族的狩猎活动开始逐渐减少，并逐渐消失。

2. 居住

很长的历史时间内，黎族人住的是船型屋。这种历史悠久的建筑在20世纪80年代以前普遍见于海南的黎族村落。船型屋，作为一种源远流长的建筑形态，是我国干栏式建筑的一种。据古籍《韩非子・五蠹》所载："上古之世，人民少而禽兽众，人民不胜禽兽虫蛇，有圣人作，构木为巢，以辟风雨。"由此可见，早期人类社会为求生存，仿效鸟类筑巢于树，以躲避野兽与恶劣天气。随后，古人以木桩替代树木，将巢居理念演化为广泛应用干栏式建筑。干栏式建筑因适合我国南方潮湿多雨、野兽及蚊虫频发的自然环境而长期存在。

船型屋分高栏船型屋和低栏船型屋两种。高栏船型屋是一种上人下畜的建筑，栏脚离开地面大约1.6到2米之间，用竹片或硬木板铺设地板，不设床具，直接卧在竹片或木板上。船型屋的平面布局一般由走廊、厅堂、居室、杂用房四个部分组成。船型屋不开设窗户，因此，房内采光条件差，人们日常都喜欢在走廊进行各种活动，如舂米、纺织、编竹藤器等。低栏船型屋的底层一般在离地面0.3到0.5米之间，铺一层厚竹片或木地板，底层不再圈养牲畜。其屋盖与檐墙合而为一，屋檐一直贴到地面，平面结构与高栏船型屋类似。

海南解放后，海南地区虽然高栏船型屋与低栏船型屋共同存在，但是实际上低栏船型屋是由高栏船型屋发展演化而成。船型屋由高栏变低栏是社会历史的进步。远古时期，黎族人居住山中，生产方式还是原始的刀耕火种。他们过着"一年一砍山，几年一搬家"的生活，周围野兽众多，对抗自然的能力有限，高栏船型屋远离地面，能在一定程度上防止野兽的攻击以及洪水的浸泡。随着黎族居住地的稳定，族群人口也逐渐增多，对抗野兽能力也增强，对自然灾害的经验丰富了，加之高栏船型屋对大木材的需求量大，低栏船型屋自然就出现了。低栏船型屋是黎族人征服大自然，改善生活环境后出现的干栏式建筑。随着社会的发展，黎族人在与汉族人的交往中，学会制床而卧，有栏脚的船型屋逐渐变成了金字宇屋。黎族人生活条件改善，开始住上了平顶房和楼房，船型屋只作为非物质文化遗产在极少的黎村中得以传承，或作为旅游资源，在部分景区采用旅游开发模式对其进行展示。

3. 服饰

在历史发展过程中，黎族人逐渐学会利用海岛棉、麻、木棉等进行纺织，形成了纺、染、织、绣等工序在内的服饰织制体系。黎族的服饰按照方言划分，分为哈、杞、润、赛、美孚五种方言服饰，方言不同服饰上略有不同。

哈方言的男性多赤裸上身，下装仅着俗称“犊鼻裤”的裤子。女性注重绣面文身，花纹特别。女性将发髻束于脑后，并佩戴硕大的耳环与项圈，其上衣为无领对襟式，下装是及膝的短筒裙。

杞方言区的男性服饰别具一格，他们留长发结髻于额前，以布巾缠头，身着无领对襟长袖上衣，下身为长至膝盖的“吊檐”。女性同样绣面文身，发髻后束，佩戴小巧的耳环，上衣样式与男性相似，下装也是及膝短筒裙。

润方言区的男性将发髻结于脑后，上衣已逐渐融入汉装元素，但下装仍保留“犊鼻裤”的传统样式。女性则更加注重装饰细节，她们同样绣面文身，头部或包头巾或束髻插骨簪，佩戴中型耳环，上衣为无领不开胸、带有双面绣的“贯首衣”，下装是超短的织花筒裙。

赛方言区的女性将发髻梳于脑后，佩戴项圈与小耳环，上身着圆领包胸上衣，下为长筒裙。赛方言的男性服饰很早就汉化。

美孚方言男性将发髻结于脑后，佩戴耳环，上身穿着黑色开胸对襟无纽的短衣，下装则为裙子。女性使用黑白相间的头巾缠裹头部，上衣与男性相似但下装更为考究，她们穿着长至脚踝的扎染长筒裙，其面部与身体的纹饰图案在五个方言区域中最为繁复细腻。

在20世纪50年代，黎族年轻男性群体普遍接纳了汉族服饰，摒弃了传统的下装，转而穿着汉式长裤或短裤。而黎族女性，尤其是年长者，至今仍保留穿着传统服饰的习惯。对于年轻女性，平时穿着跟汉族女性没多大差别。但若与本民族男性缔结婚姻，在婚礼当天，她们多会选择穿着具有民族特色的传统上衣与筒裙。

黎族女性的服饰设计繁复，其上所绣制的花纹图案蕴含着丰富的象征意义，且不同场合穿着不同服饰的花纹有不同的象征意义。

4. 婚姻

黎族社会在发展过程中，鲜少受到媒妁之言、父母之命的婚姻观念影响，在男女交往上是比较自由的。男女青年只要到了一定年龄就住到隆闺房[1]。青年男女通过隆闺对歌等活动相识相知，确立恋爱关系。黎族的婚姻制度并不受地域因素的限制，而是严格遵循血缘原则，即同一血缘、同一祖宗的个体之间严禁通婚，无论相隔多少代。

黎族的传统婚姻程序一般包括以下几个步骤。

男子喜欢上了某位女子，就到女方家问亲。男方需携带槟榔作为礼物前往女方家中，若女方家人接受，则意味着对这门婚事的初步认可。因为带槟榔问亲，因此也被称为“问槟榔”。在黎族某些地区，男方父母会先遣人空手前往女方家，表达“欲与女结为连理”的意愿，待女方应允后，再商定订婚的具体日期。

订婚时，男方父母需再次派人携带小猪、鸡、酒、米等礼品前往女方家，以示诚意。酒席间，双方会通过“鸡卜”方式查验男女双方的命运是否相合，如果结果吉利，则进一步商议聘礼及结婚的具体日期。男方家庭还需举行烧香拜祖的仪式，以祈求祖先的庇佑，至此，订婚仪式方算圆满完成。

到了迎娶之日，男方需前往女方家迎接新娘，并携带槟榔作为礼物。到达新娘家后，新郎需经受陪娘的考验，通过回答问题或参与对歌等方式展现自己的才情与诚意。随后，新娘在女性亲属组成的送亲队伍的陪伴下，踏上前往新郎家的路。在到达男方村口时，会有村里的男性老人主持仪式：老人手持尖刀，在村路口铺设芭蕉叶，放上鸡蛋，面向送亲队伍念诵祈平安之词，并用刀尖剖开鸡蛋，点燃火堆。新娘及送亲队伍须跨过火堆，以示驱邪避害。到达新郎家后，新郎会牵着新娘的手，撑着雨伞引领她进入家门，寓意着从此为她遮风挡雨，共同面对生活的风雨。

进入新郎家后，家中老人会举行祭拜先祖的仪式，向先祖报告新郎

---

① 黎语为不设灶的房子。是黎族男女对歌和发生恋情的地方。

新娘的名字，并祈求先祖赐予新人成家立业的福祉及生儿育女的幸福。随后，宴席开始，宾客们欢聚一堂，通过逗新娘、新郎、陪娘以及对歌等方式表达对新人的美好祝愿。婚礼现场热闹非凡，充满了喜庆与欢乐。

5. 节日

“三月三”节是黎族最大的传统节日。三月三这一天，黎族男女穿上盛装，带上竹筒饭、山栏酒等美食，从不同的地方赶到他们约定俗成相会的地方，白天男女老少唱山歌、跳舞、吹打传统的乐器、享受传统美食，欢度节日。到了夜晚，年轻男女则男女成对，通过对歌的形式，寻找自己的伴侣。三月三节是黎族谈情说爱和祝福美好生活的节日。

火把节是黎族人民为了庆祝丰收、祈求平安和驱邪避祸而设立的。火把节的庆祝活动丰富多彩，包括点燃火把、跳竹竿舞、唱黎歌、吃黎族特色美食等。在这一天，黎族男女老少都会穿上节日的盛装，手持火把，围绕着篝火跳舞唱歌，场面十分热闹。

牛节是海南黎族人民的传统节日。黎族认为牛是财富和吉祥的象征，因此在牛节这一天会举行招牛魂仪式。人们会修建牛栏，给牛喝酒补身，晚上集众敲锣打鼓，欢跳招牛魂舞蹈，祝愿牛成群家富足。以此来表达对牛的敬意和对丰收的祈愿。

随着时代的变迁与发展，现在许多黎族的传统节日活动已经简化甚至不再传承，这令人感到惋惜。同时，受到汉族文化的影响，部分黎族地区也开始过清明节、春节等节日。

6. 其他

黎族传统舞蹈、器乐很具民族特色。

打柴舞，原称跳柴舞，是海南岛黎族传统的一种民间舞蹈形式。关于打柴舞的起源，一种说法是以歌舞悼念亡人的丧葬仪式，这种仪式流行于古崖州，当家庭中有重要成员去世时，村里人通过跳这种舞蹈来表达对逝者的哀思和怀念；第二种说法是庆祝丰收说，打柴舞是黎族人在辛勤耕作后，换得新谷归仓时进行的一种庆祝活动。以此庆祝稻谷丰登，祝愿来年有更好的收成。

打柴舞在初步形成时，打柴者多持木棍进行打击奏乐。随着时代的变迁，打柴舞开始传播和发展，木棍不便于携带和使用，由此演变成为竹竿，所以也叫"竹竿舞"。竹竿舞是一种富有艺术感和运动性的艺术，持竹竿者一般采用跪姿、蹲姿、站姿等，并且根据舞蹈的推进，姿势、节奏和队形也有不同的变化。跳竹竿的舞者，身体要灵活多变地跳跃在细长的竹竿之间，通过竹竿节奏的拍打，根据竹竿的分分合合，做出一连串翻身、蹦跳、串摆、跃龙门等花样奇特的动作及高难度动作。

黎族在看护山栏稻的过程中，为驱除前来破坏稻谷的山猪等野兽，看守山栏者在山寮上挂上两条木杆，敲击木杆发出不同的声音。后来发展成了黎族古朴的打击乐器——叮咚琴。

黎族民间蕴藏着丰富多样的传统乐器，诸如鼻箫、口弓、唎咧、洞勺、椰胡等，各具特色。其中，鼻箫以其独特之处尤为引人注目。鼻箫采用长度不一、无节石竹细管雕琢而成，箫体上巧妙地开设音孔。这些音孔的大小、位置及数量均依据演奏者的个性化需求与技艺水平而定制。尤为特别的是，鼻箫的吹奏方式别具一格，需通过鼻孔呼出气流来激发其悠扬旋律。多数鼻箫均由演奏者本人亲手制作，这不仅体现了黎族人民对音乐的热爱与执着，也展现了黎族民间百姓的手工艺技能。

三、"无产者"民俗风情

明代，因平复海南动乱需要，明王朝派广西苗兵到海南岛。战争结束后，明王朝在海南成立州县屯所，让苗兵带领家属屯田驻守，平时屯田耕作，战时为兵出征。后来海南各地营汛废除，苗兵及其后裔散居海南岛，与黎族人为邻。苗族是海南岛上人数位居第二的少数民族。对于这个民族，民族学家王兴瑞在《海南岛苗人》中说：

> 苗人是一个无产者，现在他们居住的山岭，都是全村各家平均出钱，集拢起来，从黎人或汉商手中租来或买来的。租则有一定期限，租金也有定额，或一次过付完，或每年分纳，期限满后，或续租，或他徙，双方再定。买卖一次付较高的金额，一经成交后，该山岭所有权属于苗人，任由苗人自由支配，卖主不得再问。苗人中有一些

能在一个地方做较长久的定居,就因该山岭已属于他们所有之故。

因苗族人多租赁和购买土地耕作,因此,被称为“无产者”。当然,并不是所有的苗族人都依靠租赁或购买田地进行生产。

（一）无产者的生产

由于苗族人在明代才迁移到海南岛,其迁移到岛的时间相较于黎族人和汉族人而言较晚。海南沿海及平原区域多为汉族居民所占据,而内陆腹地则主要为黎族人所聚居,优质的土地多为黎族人和汉族商人所拥有。因此他们部分人选择向黎族人和汉族商人购买土地,或者租种土地。除了购买和租赁土地,还有一部分苗人进入更深的山林开辟荒地。因此少部分苗族人也有自己的山林和土地。

早期,苗族的主要生产方式有种山栏、狩猎、采集山货。

苗族种山栏与黎族种山栏的程序类似,都经过选地、砍山、焚烧、播种的程序。随着历史的发展,苗族人通过购买犁和肥进行耕作和改善土地,提高生产力,种植农作物也由单一的种山栏稻到玉米、粟米以及豆类等。

除种植“山栏”外,苗族还以采集山货(如红白藤、木耳等)和狩猎为生。

苗区山货丰富,苗族人经常进山采集红白藤、木耳、木棉等土特产。同时,苗族人所居住的深山地区,禽兽种类繁多,苗族人还经常打猎。苗族人常与汉族人、黎族人进行物物交换,产品交换大致有以下几种方式:

一是汉族货郎定期巡回于各苗寨之间,携带食盐、布匹、铁质农具等小商品进行销售,并同时收购苗山的土特产。

二是汉族商人直接在苗区开设店铺,这些店铺在销售汉族产品的同时,也收购当地的产品,为汉族人与苗族人之间的产品交换提供了便捷途径。

三是苗族人在缺乏生产生活必需品且附近店铺无法满足需求的情况下,会不定期地前往汉区墟市进行买卖。由于苗族人多居住于深山,距离汉区墟镇较远,这种交易活动相对较少。

（二）独特的民俗风情

1. 饮食

苗族有自己特色的五色饭和三色饭以及万花茶食物，也有同黎族一样的鱼茶、肉茶、竹筒饭。

五色饭以其独特的色彩和口感，成为苗族最具代表性的食品之一。其制作方法是利用四种植物：红林草、枫树叶、茅草叶、黄姜的汁液浸泡糯米，把米染成四种颜色：红、黑、蓝、黄，再加上原本白色的糯米，一同蒸煮，呈现出五彩斑斓的五色饭。

五色饭一般在农历三月三日这一天蒸制，据说是为了纪念苗族祖先。相传古时苗族祖先膝下有五男，为了家族的延续，他们各自下山寻找伴侣，并约定在五年后的"三月三"这一天回家团聚。五位兄弟历经艰辛，最终都找到了心仪的伴侣并如期归来。为了庆祝他们的团聚，祖先用多种植物的叶子提取汁液，将糯米染成不同的颜色，制成彩色米饭以示庆贺，同时也寓意着家族的和睦、团结与幸福。

"五色饭"色彩美观，清香可口，具有开胃健脾祛火的功效。如今，苗族五色饭在制作上已有所简化，通常将糯米染成红、黄、黑三种颜色，制成三色饭，其独特的口感和丰富的文化内涵仍深受苗族人民的喜爱。

海南苗族有一种独具风味的特色饮品，即万花茶。这款茶饮色泽晶莹，透亮清澈，是苗家人款待贵宾的首选。万花茶的制作技艺独特，首先将成熟的冬瓜与尚未老化的柚子皮，切割成手指般大小、形态各异的片状与条状，随后进行精细加工，雕刻出形态多样、形象生动、栩栩如生的图案，这些图案有虫、鱼、鸟、兽、花草等多种样式，寓含吉祥如意之意。这些图案有的灵动飘逸，宛如彩蝶在花间翩翩起舞；有的则似喜鹊在枝头欢聚一堂；还有如"鱼欢秋水""银树挂果""百鸟朝凤""龙凤呈祥""新荷含苞""蝶恋牡丹"等，宛如百花园中的奇珍异卉，因而被命名为"万花茶"。精心雕镂的万花茶，需先浸泡于稀释的石花水中，以去除其生涩苦味。随后，与明矾、青铜一同采用文水煮沸并用返青的方法使其保持脆嫩、新鲜的状态。接着，将水分沥干，并加入等量的白糖、桂花香精或少量蜂蜜，进行细致的搅拌，直至均匀。之后，反复进行晾晒，直至其呈现透亮如白玉般的外观,至此,制作流程才算完成。

万花茶除了接待客人外,还成为苗族男女青年表达爱情的信物。当苗家小伙子向心仪的姑娘求婚时,若姑娘有意,便会以透明如玉的四片万花茶作为回应,其中两朵象征着“并蒂莲花”的和谐,两朵则寓意“凤凰齐翔”的吉祥。然而,若姑娘无意,她的回应则会减少至三朵万花茶,且均为单花独鸟,以此婉拒求爱者。由于万花茶在苗族婚姻中承载着传情达意的功能,它因此被誉为苗族婚姻中的媒人。如今万花茶这种饮品逐渐在苗村消失,年轻一代再不见这种饮品。

苗族人的酒文化也很丰富。苗族人家喝的酒,一般都是自己家庭亲手酿造的。酒类繁多,其中,用糯米、木薯、番薯酿制的酒尤为受欢迎,是苗族人佳节和招待客人的必备佳酿。虽然苗族男子爱喝酒,但他们却很少酗酒。在苗族社会中,酗酒被视为一种不雅的行为,会受到周围人的鄙视和谴责。因此,苗族男子在饮酒时总是能够保持克制和理智。

2. 服饰

海南苗族人喜爱蓝黑色的棉布料,服装布料大都是从市场买来的白布,经过自己印染加工缝制而成。服饰的图案主要是以蜡染来制作的,在衣领和袖口处常会绣上花草鸟木的图案,色彩缤纷。妇女服装的种类、样式多样,而男性的就略显简单、朴素。苗族女性服饰上的花纹图案有上百种之多,男子服装则花纹图案较少。

海南苗族妇女的头饰极具民族特色,尤以其独特的头巾帽最为引人注目。妇女的头巾帽主要分为尖顶帽与平顶小花帽两种。尖顶帽通常在盛大场合佩戴,尖顶帽上套上一股红带垂在背后,尖顶帽的色彩斑斓、图案高雅且富有深意。苗族妇女的平顶小花帽一般是在农闲、休息时戴。这种小花帽与尖顶帽大小相当,花帽正中绣着精美彩色花纹。戴这种小花帽非常简单,一般只把小花帽反包在头上便可以了。苗族妇女的上身穿长衣,对胸开襟或偏右长襟,无领,多为蓝色和黑色,颈下有一颗纽扣,穿衣时腰间用一条红色绣花腰带绑紧;下穿过膝短裙,裙子图案主要采用蜡染方法,画染于裙上制作而成。短裙的开襟处位于身前,且短小,为的是便于在山地上行走,而其宽大且长的上衣常将开襟处遮掩,上衣和裙子的搭配融为一体;小腿处先用黑色或蓝色的布包裹,再用红色彩带结成菱形将布绑紧。现在,苗族老年妇女会穿传统服装,年轻女子一般穿与汉族无异的服装，如果族内通婚，女子通常会穿传统服饰出嫁。

过去苗族男子有用黑色长巾缠头的习惯。男子上衣有两种：一种是对胸开襟短衣，质地为棉布，有领，与汉装上衣相同，领镶蓝布边，胸前有三至四个口袋。另一种是大襟短衣，襟向右开，有 3 个圆球形铜纽扣或布纽扣，无领。苗族男子下穿长裤，颜色为黑、蓝等深色。现在苗族男子的发式和服装与汉族男子无异。

海南苗族的服饰有别于贵州等地苗族的服饰，又与海南其他民族的服饰不同，这些服饰不仅展示了海南的苗族人的独特审美和精湛工艺，还记录着苗族人民的生活变迁和文化传承。

3. 婚姻

苗族人严格遵循一夫一妻制。婚姻不讲究贫贱富贵，门当户对，但讲究命数符合，因此，结婚前有拿八字“合命”的习俗。苗族人婚姻过程复杂，从婚前相恋到结婚举行各种仪式都非常讲究。

苗族的歌恋文化是其传统文化的重要组成部分，通过歌唱的方式，青年男女之间传递情感，缔结姻缘。苗族歌恋的主要形式有：

“日久生情”式：同住一个村的或邻村的青年男女，在生产生活当中彼此的交往交流机会是比较多的，双方很容易产生爱慕的情感。在夜深人静的时候，苗族男青年就会前往女方家中，在家门口守着，轻轻地敲打女方的门，并向对方表达自己的情感。这时如果女方对他表示满意或是比较倾心，那么就会选择打开房门，两人谈话、相互对歌，互表心意。若姑娘认为来者不合心意，就会轻声请来者自行离开。

“探亲对歌”式：有的时候，苗族男青年们去亲戚家或是别村的兄弟家玩，选择留宿于此，该村的女青年知道以后，会选择前往一探究竟，主动去给这些男青年们唱歌，进一步了解彼此的情况。也有女子到别的村子去上门对歌。通过对歌，双方建立了感情。

在特定的节日里，三五成群的小伙子们相互对歌对唱，时常还会伴有舞蹈。在此期间，找到对象的叫作“串对子”，成功结伴串好对子的就会定下终身，各自回家告知父母。男方的家庭就会找好媒人前往女方家去提亲。

提亲时父母请一个媒人（多是通晓世故，能言善辩的男子）前去说亲，媒人第一次只带两颗槟榔或一包烟，说明来意，如女方不答应，就把礼物退还男家。如同意就把礼物收下来，并把女方及女方父母的生辰八字告诉媒人。媒人拿回女方的生辰八字，再拿男方及男方父母的生辰八字，请"道公"推算，这就是"合命"。接着，媒人算好吉日去女方家，告诉女方父母"命合"结果。

苗族婚姻的定亲形式简单，男方家委托媒公带上2—4块光洋和一包烟丝，或是两根卷烟，送给女方父母，称为"压命"。女方家接纳后，婚事便定了下来。传统的苗族婚姻中有一个特殊的习俗，男女双方定亲后，男方回家拜求祖公审定这门婚事，看双方是否可以成亲。他们定下七日为期限，七日之内若没见到黑蛇、蟒蛇、鼹鼠、飞鸟拉屎于头顶等异兆，则认为这门亲事能成，否则便要退婚。这种习俗在现今苗族社会中已极少见，人们虽然遵守着这种禁忌，但其结果不至于影响男女双方婚姻的缔结。

苗族社会不存在买卖婚姻现象，因此，苗族的婚姻聘礼数量不多，过去男方家送给女方家的聘礼有银圆、猪肉、酒、米，新娘服饰等。聘礼多寡，由双方议定。

结婚当天有很多程序。天还未亮，婚礼仪式就已经开始。新郎迎亲队伍的人穿上具有海南苗族特色的结婚礼袍，来到了新郎家里，准备举行一种叫"出伞"的仪式。媒公在地板上铺上一张草席，一名担任保护新郎的护卫把蒙着头的新郎从房间里背出来，轻轻放在草席上。被蒙着头的新郎盘腿坐在草席中央，媒公、主婚人、伴郎等人列队站在旁边，媒公腋下夹一把雨伞，点燃一支香插到龛堂上，口中念咒作法。每念完一段，点燃一颗爆竹向前抛出，共三次。相传媒公腋下夹着的这把伞下藏着迎亲队伍所有人员的魂魄，因此这把伞千万不能打开。媒公做完法后，把雨伞悬于屋檐下，轻轻一提新郎的衣服，护卫人员立即上前背起新郎走进房间。出伞仪式便结束了。

媒公、主婚人、新郎、伴郎、新郎方的伴娘、然后是护卫，按照顺序列队，前往迎接新娘。新娘村里的姑娘们在村口拉上一条绳子或横上一段树干，不放新郎进村，此为"拦路"。媒人要把一些零钱分给拦路的姑娘们，表示愿交"进寨费"，新郎才被放入村。在拦路对歌讨进寨费的过程中，新娘村子里的妇女和姐妹们开始抢新郎。这时候，新郎带来的迎亲队就要兼护卫队的职责了，不能让新娘村里的姑娘们把新郎抢走，因为新郎一旦被抢走就会被藏起来，而进寨费就会提高很多，要求达不到就不放人。

新郎进入新娘家后，媒公举行婚礼仪式。厅堂放一张合婚桌子，桌子上放一个盛满大米的碗，碗上放两朵红花，还有酒、饭、菜等。人们簇拥新郎新娘坐到一张凳子上，拿出两块红布分别披在新郎和新娘的头上，媒公为其祈祷祝福，并折断十双筷子为证婚，表示新婚夫妇同甘共苦，永不分离。这个仪式就叫“合背”。新郎新娘先后向父母、长辈亲属、媒人和亲戚跪拜，然后共饮一杯婚誓酒，众宾客便可开怀畅饮，请酒对歌。

第二天，新郎新娘拜过众亲戚好友后，新郎新娘要一起回男方家。新娘穿上漂亮的民族服装，用一块布来蒙面。苗族有哭嫁的习俗，新娘在新郎来迎亲时哭一次，出门时再哭一次，表示舍不得离开父母。出门时由新娘的堂弟背她出门，一直背到村(屋)外，把她放在预先准备好的一张席子上，由两个少女陪同去男方家。送亲队伍到新郎村子后，村中男女都来看热闹，两位小伙子用竹竿或麻绳拦在新郎家门口，表示“拦亲”。好让人们有时间逗乐和拧捏新娘和伴娘。第二天早饭后，新娘要在伴娘陪同下回娘家，往返三次才真正在男方家定居下来。

随着时代发展，苗族的婚俗也发生很大变化，程序上变得更加简单，也更趋向汉族婚俗。

四、天涯海角的异域风情

海南回族的先民，有来自阿拉伯，还有来自占城国和中国内地的，时间从唐代到元代，是跨越时空的多元的族源。明代以前由于对穆斯林文化并不认同，因此称回族人居住的地方为“番营”“番村”“番浦”等，称回族人为“番民”。把他们当作外国人看待，设置“番民所”进行管理，直到明代才纳入中国户籍，和其他居民一样进行同样的管理。

异域而来的穆斯林最初分散居住在海南沿海地区。随着历史的发展，儋州、万宁、陵水等沿海地区的穆斯林融入当地的其他民族中，还有少部分迁到三亚明末清初形成的羊栏地区穆斯林聚集地[①]。现在，随着

① 即现在的三亚凤凰镇（原名为羊栏镇）的回新村。

回族人口的增长，三亚凤凰镇的回新村和回辉村成了回族居住的社区。

时至今日，回族仍保持着自己的穆斯林文化，有自己独特的民风民俗，同时又因在热带海岛上长期生活，有些习俗具有热带风情。

（一）异域风情

海南回族人尽管身处海滨一隅，人数不多，却长期以来遵循伊斯兰教的教义与戒律，尤其是老年群体，其宗教信仰意识比较浓郁。他们履行伊斯兰教所规定的五项基本功："礼"即礼拜，每日五次礼拜，每周一次的礼拜，每年举行两次的节日会礼；"念"即熟念《古兰经》；"斋"即每年一个月的封斋；"课"即要求每一位穆斯林以自己部分财产施济贫民；"朝"即有条件的穆斯林都要去麦加朝拜一次。

回族全民性的节日有开斋节、古尔邦节、圣纪节、法图麦纪念日、盖得尔夜、拜拉特夜、阿舒拉日和登霄节等。其中开斋节、古尔邦节、圣纪节在回族中被誉为三大节日，海南和其他地区的回族一样也欢度这三大节日[①]。

开斋节，按照伊斯兰教历，每年的9月为斋月，斋月结束后，即为开斋节，开斋节是在伊斯兰教历的10月1日。

在斋月期间，成年的男女穆斯林须严格遵守封斋的规定，即从黎明至日落期间禁食一切食物。而当斋月结束，回族人便迎来了一年一度的开斋节。家家户户便投入忙碌之中，迎接这一盛大的庆典。在这一天，人们会细致地清扫内外环境，并精心准备各类丰盛的清真食品。随后，人们进行大净、小净，换上整洁服饰，汇聚至清真寺参加盛大的"会礼"。

虽然海南回族的妇女无参与会礼的义务，但仍有部分妇女身着节日盛装，前往清真寺大院，观看会礼全程，这一现象在其他回族地区并不常见，展示了海南回族文化的独特性。

会礼结束后，亲朋好友开始相互拜访，互致"色俩目"，共同庆祝这一节日。若访客来访时，主家正忙于念经，访客会主动入座参与。开斋节期间，家家户户宰鸡烹羊、炸制美食，准备丰盛的宴席，相互拜访、互致问候。这一传统庆典与汉族的春节颇为相似，因此，回族开斋节又有

① 王献军：《海南回族的历史与文化》，海南出版社/南方出版社，2006，第199页。

“回民过年”之称。

古尔邦节，又称“宰牲节”或“忠孝节”，该节日定于伊斯兰教历的12月10日，即开斋节过后的第70天。海南回族的古尔邦节庆祝活动于12月9日便已开始，当日，回族人完成晨礼并享用早餐后，全体男性成员会前往海滩的回族公墓群进行“游坟”仪式，即扫墓。在游坟过程中，他们会面向坟墓，坐西朝东，一边念诵“都阿”一边为坟墓培土、插花，以示对亡者的赞颂。同时，他们会高举双手祷告，以求真主宽恕亡者。此活动仅限于男性参与，女性则不参与。在游坟结束后，家家户户开始宰烹牲畜、炸制油香，准备各类节日食品，以迎接佳节的到来。到了12月10日清晨，两村穆斯林汇聚至清真寺进行淋浴，大人与孩子皆身着盛装，为节日增添了浓厚的氛围。接着，他们跟随伊玛目前往郊外举行会礼。会礼由两村的穆斯林男性共同参与，女性只在四周观礼。

海南回族的古尔邦节，除了上述的活动，还举行一些文体活动，比如荡秋千、三脚赛跑、击棒游戏，以及排球比赛、拔河比赛，马拉松跑等活动。除了两村人参加外，还请当地的驻军参加。

圣纪节，是专为纪念伊斯兰教创始人穆罕默德之诞辰与逝世而设立的节日，俗称“圣会”。该节日定于伊斯兰教历的3月12日举行。当天，海南回族人在清真寺内举办盛大的纪念庆典。穆斯林们齐聚一堂，诵经、赞圣、礼拜，同时由阿訇详细阐述穆罕默德的生平、功绩与品德，以及他在传教过程中遭遇的种种挑战与智慧展现，旨在激励回族人恪守穆圣教诲，秉持真诚信仰。此外，阿訇亦会对当前伊斯兰教或回族相关的国内外重要议题发表评论与见解。

圣纪节庆贺仪式是两村穆斯林齐聚在一个清真寺举行，两个村有6座清真寺，每年轮流由一座清真寺承办。

庆贺仪式结束后，海南回族将举办会餐。承办的清真寺所属的阿訇、管寺、乡老等人员将准备丰富的牛羊肉与炸油香等佳肴，热忱招待每个来寺里过节的教友。节日所需经费由全体穆斯林根据自身经济能力捐赠给清真寺，并由清真寺负责节日期间的物资筹备与经费管理，未使用完的经费将交还清真寺，由其统筹安排使用。[①]

① 王献军：《海南回族的历史与文化》，海南出版社/南方出版社，2006，第199页。

（二）融合热带海洋文化的风俗习惯

海南回族的风俗习惯既受到伊斯兰文化的影响，又具有海岛热带海洋文化的特色，呈现出一种与其他地方穆斯林不同的地方。

早在明代，地方志中就有记载回族人的民俗风情："（番人）多蒲、方二姓，不食豕肉，他牲亦须自宰见血。喜吃槟榔。家不供祖先。其识番书称先生者，用一小凳，安置香炉。一村共设佛堂一所，早晚念经礼拜。每岁轮斋一月，当斋不吞涎，见星月方食，以初三日为起止。开斋日，聚佛堂诵拜。散后，各家往来，即拜年。若常时卑见尊者则跪，以手摩尊者脚。平交则各以手相摩，讫，各收手回摩己面。有大会，席地列坐。用大青盘贮饭，以手捻食。男子不饮酒。年二十，则请师为之剪发齐眉，白布缠头，腰围以幔。妇女脑髻，短衣长裙。嗜酒与茶。外人与之往来交合，谓之做契，或有因而娶之者。随贫富，用金银铜锡为环，穿其耳孔，下垂至肩。好熏诸花，絜身黑赤。殁后不用棺，布裹以身，向西而葬。其言语相貌，与回回相似。今皆附版图，采鱼办课。"[①] 这段文字从饮食、宗教、节日和人生礼仪、服饰等方面概括了回族生活的方方面面。

1. 饮食习俗

海南回族人严格遵循伊斯兰教的饮食规范，不吃猪、狗、猫肉等，同时坚持不吃自死动物，以及未经穆斯林亲手宰的牲畜。海南回族人在饮食习俗上亦发展出了与其他地区相异的特色。这些特色不仅深受当地气候和地理条件的影响，也融入了海南独特的文化传统。从椰子饭、椰米粽到鲜鱼汤，再到嚼食槟榔的习惯，以及独特的食法和用具，海南回族的饮食文化丰富多彩，独具魅力。

椰子，作为海南岛的主要热带作物，也被海南回族人巧妙地融入了日常饮食中。椰子饭是回族人利用椰肉榨汁，与大米一同烹煮，使得米饭吸收了椰子的清香。米饭色泽微褐，香气扑鼻。椰子饭成为家庭和饭店里喜爱的美食。椰米粽则是用椰肉搅拌糯米，外用粽叶或野菠萝叶包裹成不同的形状，煮熟而食，与普通粽子相比，更加香甜可口。

---

① 王献军：《海南回族的历史与文化》，海南出版社 / 南方出版社，2006，第199-204 页。

海南回族人长期居住在海边，海洋捕鱼业为其主要生产方式，因此海鲜成为其饮食中的重要组成部分。回族人制作的鲜鱼汤独具特色，采用新鲜的海鱼，配以酸豆、西红柿和杨桃等佐料，烹饪出既新鲜又带有酸甜风味的鱼汤，这是其他地方的鲜鱼汤所不具备的。如今，鲜鱼汤已经成了海南回族饭店的一道招牌菜。

除了椰子和海鲜，槟榔也是海南回族饮食中的一大特色。作为热带地区的代表性植物，槟榔在海南地区得到了广泛的种植。吃槟榔的习惯海南自古就有，在海南岛上生活的回族人也如黎族和部分汉族人一样喜欢嚼槟榔。现在，在海南回族的社会交往中，槟榔已成为不可或缺的待客之物。

在食法方面，海南回族人很长一段时间保持着以手捻食的传统习俗。明正德《琼台志》中载回族习俗："席地列坐、大盘贮饭、以手捻食。"时至今日，一些上了年纪的老年人还使用手抓饭。在食具方面，回族人利用椰壳和海贝壳等自然材料制作餐具，这是移民到海南后就地取材做成的热带风味的餐具。

2. 服饰习俗

盖头作为回族妇女标志性的头部装饰，深受其珍视。在全国多数地区，回族妇女选用的盖头面料以轻薄丝、绸、纱为主，色彩多集中于白色、黑色、粉红色、绿色等纯色系列。海南回族妇女的盖头风格独具特色，中老年妇女普遍佩戴棉质毛巾盖头，以黄色居多，质地较厚实，偶尔点缀碎花或图案；年轻女性则偏好纱巾或丝巾盖头，色彩缤纷，轻盈飘逸，展现出别样的美感。

海南回族的新娘头饰，同样体现了其独特之处。新婚之日，新娘家会邀请村中擅长为新娘梳妆打扮的妇女前来为新娘精心梳理头发。首先，将新娘的头发盘成发髻，然后在发髻周围插上众多精美的银铜首饰和艳丽的簪花，首饰与簪花数量多达几十件，几乎覆盖整个头部，从正面望去，新娘宛若孔雀开屏，美丽动人——这种发型为海南回族所独有。海南回族新娘的服饰同样别具一格，采用镶满鳞片的丝绸面料制作，色彩鲜艳，以红色和蓝色为主，阳光下鳞片闪烁，璀璨夺目。这种服饰采用传统的斜襟、圆摆款式，袖口及襟边均镶有黑色条边。值得一提的是，新婚服装的扣子必须为银制，上面刻有精美的花纹或图案。

此外，海南回族的老年妇女常穿的"腰裙"在其他地区回族中较为罕见。这种腰裙的样式与围裙相似但更短，仅及腰间，能够遮挡胸腹部。腰裙上端设有吊带，套在脖子上，中端两侧则系有布带，固定于腰后。其主要功能在于保护妇女在劳动时上衣的清洁，因此通常采用黑色人造革制作。

海南回族的男子服饰与其他地区的回族男子服饰一样，通常头戴小白帽，尤其是节日或特定场合必须佩戴。有些帽前正中用金黄色花线绣着阿拉伯经文"清真言"或"真主至大"等字样，帽子周围绣着美观的花纹。阿訇或者伊玛目在主持会礼时会穿白色或绿色的准白。

3. 婚姻习俗

回族的婚俗，作为该族群文化的重要构成部分，其婚礼仪式独特，融合了宗教婚、世俗婚的要素，形成了一种独特的文化表达方式。

海南回族婚姻观念和婚姻形式上也受到伊斯兰教的影响。解放前，回族婚俗呈现出三个特点。一是回族严格遵守不与外族通婚的传统，体现了其族群认同和宗教信仰的坚定性。二是在择偶问题上，父母的意见占据着决定性的地位，这反映了当时社会家庭结构对于个体婚姻选择的深远影响。三是婚礼的举行严格遵循伊斯兰教仪式，由阿訇主持并证婚。随着社会发展，海南回族与外民族接触和交往逐渐增多，加之海南回族的人口较少，适龄婚配的人数有限，与外族通婚的现象逐渐增多，但是外族男女要举行入教仪式，愿意遵从回族生活习俗，按照回族的礼俗举行婚礼。

当然，海南回族的婚姻习俗还受到中国传统世俗婚的影响，主要体现在一些婚姻仪式和过程上。海南回族的婚姻包括提亲、订婚、纳聘金、婚礼等程序。

提亲是男女相互恋爱或经人介绍认识后，若彼此有意，男青年则告知父母，如果父母不反对，就托家族中的长辈到女方家求亲。海南回族议亲不问生辰八字，因为伊斯兰教认为男女结合是真主的前定。

订婚时男方家携带槟榔到女方家，女方家把槟榔分给邻居，让大家知道双方已经定亲。在全国各地的回族婚俗中都少不了订婚这一项程序。在订婚时，往往男方都要送给女方礼物，各地的礼物都不尽相同，通常一个地区有一个地区的特色。海南回族订婚时，男方送给女方的礼物则是与其他地方的回族不同的礼物——槟榔。槟榔作为订婚礼物不仅具有特殊的意义,而且在婚礼过程中也被广泛用作招待亲朋好友之物。这体现了槟榔在海南回族婚俗中的重要地位和作用。[①]

纳聘金是男方家长在本家族长辈的陪同下,到女方家送彩礼,彩礼一般有现金以及挂面。姑娘亲自接待并接受彩礼。此后双方家长商议结婚日期。一般婚期定在冬季的"主麻日"。

迎亲当天,新郎家最繁忙。从早晨开始,新郎家摆餐招待客人。临近中午,新郎家组成迎亲队伍,到达女方家迎娶新娘。新娘身着盛装,跟随迎亲队伍到男方家。男方全家和亲友在门口迎接新娘的到来。下午,新郎家再次设宴,请清真寺的阿訇为新郎新娘念证婚词和祝贺词。晚上,新郎家请亲友来吃喜糖、喝喜茶等,亲友为新郎新娘祝福。

4. 丧葬习俗

(1)基本程序

在伊斯兰文化中,临终关怀与丧葬仪式承载了人文关怀与宗教意义。当生命的烛光即将熄灭,一系列庄重的仪式不仅为逝者送行,也为亲友提供了心灵慰藉的机会。

临终关怀:海南回族人对于年迈或病危的人都会提早为其准备后事,临终前,家人们会围绕在将逝者身边。家人要请本寺阿訇为将逝者做"讨白",即一种忏悔仪式。阿訇祈祷安拉宽恕将逝者,要求将逝者忏悔和反省自己,认识自己的迷误,改邪归正,信仰安拉。除此之外,将逝者如果平时与人有过误会、矛盾或仇恨,尽量说明原因,消除误会和隔阂,达成谅解,使将逝者能够带着平和的心态离开这个世界。

停尸:当逝者离世后,停尸仪式随即展开。在身旁守候的阿訇或亲属,要给亡人瞑目、合嘴,顺其手足,理其发须,使其保持安详与尊严。随后,遗体被移至厅堂。与此同时,要派人分头通知本寺阿訇及亡人的亲戚朋友、邻里乡亲。并在直系亲属中,推选出几位有组织能力和处理丧事经验的人,管好迎来送往,丧事费用等事情。

着水:也即洗尸体。着水地点通常都在清真寺附设的停尸房里。男的去世后,大多是请清真寺里的阿訇"着水";女的去世后,则请经常

① 唐胄:《琼台志》,海南出版社,2006,第149-150页。

礼拜的中年妇女或老年妇女“着水”。当地穆斯林对“着水”非常讲究，有的逝者在生前就有嘱托谁担任着水、递水、熬水等。“着水”应在死者未僵硬之前进行，被请为亡人“着水”的穆斯林，要自己先沐浴，然后各司其职，按严格的先后顺序进行冲洗。这一行为不仅是对逝者身体的尊重，更是对其灵魂的净化。在伊斯兰文化中，水是纯洁与净化的象征，通过着水仪式，家人们希望能够为逝者洗去尘世的烦恼与痛苦。

穿“克番”：即用白布裹死者。海南回族的克番与全国各地回族的克番一样，都用的是白布。穆罕默德曾说过：“安拉最喜欢白色布，生者着白衣，死者用白布做克番。”因此，回族人用的都是白布，而不用其他颜色的布料或绫罗绸缎。这是伊斯兰文化中对逝者的一种尊重与保护方式，也体现了伊斯兰教的朴素与纯洁。白布象征着纯洁与神圣，家人们希望通过这种方式让逝者得到安息。

殡礼：是丧葬仪式中的高潮部分。主持殡礼的人必须是宗教操守严谨而又德高望重的穆斯林，所以一般由清真寺阿訇或死者生前嘱托的受人敬仰的穆斯林担任。前来参加殡礼的穆斯林都须先大、小净，男穆斯林戴小白帽围坐成一个圈。参加殡礼的人，自觉排好长队，随着阿訇一声念道“真主至大”，殡礼也随之开始。殡礼没有磕头，也没有鞠躬，全部过程只需十分钟左右。在整个殡礼过程中，生者和死者都面对西方，朝着克尔白方向。殡礼完毕，人们把亡人尸体放入共用“手架”（即可以反复使用的公用棺木），然后把亡者送到坟地。送葬途中，灵柩在前，送葬队伍随后，女性一般送到村口即止步，男性一直送到坟地。送葬时，不放鞭炮，不丢纸钱，不哭丧。

下葬：病人刚停止呼吸，就有人开始在墓地挖墓穴。等别的仪式举行完毕，墓穴已经挖好，可以下葬了。在这个环节中，其家人会将逝者的遗体安葬在预先挖好的墓穴中，这个过程充满了庄重与神圣感，下葬时，揭开公用棺木盖，抬出尸体放入坑中。按照伊斯兰教的习俗，逝者的遗体需要面向麦加的方向安葬，以示对真主的虔诚与敬畏。海南回族的墓地都在海滩上，土质沙化很厉害，非常松软，容易崩塌，所以墓穴的两头和两壁用四块木板挡土，以防崩塌。墓穴的底部，不放置隔离物，以便尸体与土地直接接触，不存间隙。若下葬的是女性，需在墓穴上再搭一帐幕，以便保护她的尸体，不让送葬者看到。埋葬完毕后，由一人分发散钱给每位送葬者，然后全场寂静，聆听阿訇念“都阿”（念经为亡者祈祷）。念完后，阿訇高呼一声：“求真主接受我们的祈祷吧”，全场捧起双手，摸脸为死者最后祈祷,安葬仪式就此结束。

海南回族,虽处东南沿海地区,周围都是汉族和其他民族居住地,但丧葬仪式的每一道程序,基本上都遵循了伊斯兰教的规定。[①]

(2)特点

海南回族的丧葬体现了土葬、速葬、薄葬三大特点。

土葬,就是把亡人直接放入土中不用棺材。因为《古兰经》晓示:人是由真主用泥土制造出来的,既然人来自泥土,死后人的血肉之躯葬于大地之中,复转成泥土是顺理成章的事。特殊情况可以水葬。但绝不能火葬。

速葬,即从速埋葬亡人,不宜久放遗体。一般为早亡午葬,夜死晨葬。大多 24 小时内埋葬,最多不超过三天。

薄葬,即任何一个穆斯林,无论生前多富有或多贫穷,亡故后一律用三丈六尺白布包裹后掩埋,既不穿绫罗绸缎,也不放任何陪葬品。回族谚语:无论穷,无论富,都是三丈六尺布。这句谚语概括了薄葬的特点。

海南回族的丧葬习俗不仅体现了海南回族人对伊斯兰教的信仰,也反映了他们独特的历史、文化和社会价值观。

① 王献军、梁海燕:《海南回族的特色文化》《新东方》,2009 年(Z1),第 69-73 页。

第五章　从海南走向世界

一、海南渔民耕海与海上丝绸之路

海南省是我国陆地面积最小、海洋面积最大的省。海南省除了海南岛，其行政疆域还包括西沙群岛、中沙群岛、南沙群岛等南海诸岛及其周边的海域。其陆地面积约为 3.54 万平方公里，海域面积则达到了约 200 万平方公里。

海南岛的面积约为 3.22 万平方公里，其面积小于台湾岛。从地图上看海南岛犹如一个大雪梨，坐落在中国南海广阔的海域上。其北为琼州海峡，与广东省接壤，西面是北部湾和越南，东临中国南海和台湾，东南部及南部同菲律宾、文莱和马来西亚相望。海南岛的海岸线绵长且曲折，港湾众多，可以通向不同的海域和航道。

西沙群岛位于海南岛的东南面大约 330 公里的位置，它由永乐群岛和宣德群岛构成。西沙群岛有 22 个岛屿，永兴岛是最大的岛屿。中沙群岛位于南海中部海域，西沙群岛东面偏南的位置，距永兴岛约 200 公里，由中沙大环礁及其附属的暗沙、暗礁、浅滩等组成。南沙群岛位于南海南部海域，范围广阔，地理位置重要。各岛海域蕴藏着丰富的海洋生物、油气资源和矿产资源。

海南得天独厚的环境资源为渔业的发展提供了优越条件，海南重要的地理位置使其成为海上丝绸之路的重要节点。

（一）海南渔民在南海进行生产

中国渔民很早就在南海进行捕捞了。晋代裴渊在其作品《广州记》中写道："珊瑚洲，在（东莞）县南五百里，昔人在海中捕鱼得珊瑚。"据渔民口述以及资料汇编，海南渔民也很早就到南海诸岛的海域进行捕捞海产活动了。

厦门大学南洋研究所编纂的《南洋问题》第三期刊载的采访资料，记录了20世纪70年代对文昌铺前渔民蒙全州和符用杏的访谈。两位长者分享了他们及其祖父、父亲以及村民前往西沙群岛和南沙群岛海域捕鱼的经历，并描述了渔民在南海一些小岛上挖掘水井和种植椰子的情况。

此外，众多资料证实了清代琼海和文昌的渔民在南海诸岛上的活动，包括种植作物、建造神庙、挖掘水井等。例如，在清代光绪年间，琼海渔民梁胜等人在东沙群岛的东沙岛建立了兄弟庙；同治年间，琼海渔民在西沙群岛的金银岛开凿了水井，并在琛航岛用珊瑚石建造了小庙；道光和同治年间，琼海渔民在南沙群岛海域进行捕捞，并在甘泉岛、赵述岛种植椰子树和挖掘水井；光绪年间，文昌渔民在南威岛长期居住，并建造了地窖来储存海味干货。同时，还有记录显示，在道光、同治、光绪年间，琼海和文昌的渔民在西沙群岛和南沙群岛进行了广泛的捕捞活动。在英国海军部海图局编写的《中国海指南》上，记载南沙群岛的郑和群礁的情况时写道："海南渔民以捕取海参、贝类为活，各岛都有其足迹……海南每年有小船驶往岛上，携米粮及其他必需物品，与渔民交换海贝。船于每年十二月或一月离开海南，至第一次东南风起时返。"自古以来，海南渔民就有到南海诸岛海域进行捕捞的活动。清代时这种活动频率和规模更大。渔民不但把捕捞获得的海产品运回国内市场进行销售，而且还运到新加坡、泰国、越南地区进行销售。[①]

考古学家在南海诸岛的海岸线附近发现了与渔业生产直接相关的遗物。例如，一些岛屿的岸边出土了古代渔民使用的石锚、渔网坠和船桨等工具。在甘泉岛上，考古学家还发现了唐宋时期的民居遗址，其中出土了大量铁锅碎片、陶瓷器碎片，以及食用后剩余的鸟骨和螺蚌壳。此外，在永兴岛、北岛、广金岛、琛航岛等岛屿上，考古学家共发现了14

---

① 周伟民、唐玲玲：《海南通史》（清代卷），人民出版社，2017，第431－434页。

座明清两代遗留下来的小神庙。这些神庙供奉着海南文昌、琼海等市县信奉的天妃、观音、108兄弟以及五姓孤魂等神。部分神庙装饰有对联和横匾，如永兴岛上的"孤魂庙"对联"兄弟感灵应，孤魂得恩深"。一些神庙内还供奉有神像，例如琛航岛上的瓷观音像（该像由明代龙泉窑烧制），以及北岛小庙中的木制神主牌。这些发现表明，海南渔民在明清时期已经频繁地到南海诸岛进行捕捞活动。

渔民们出海执行捕捞任务时，会从庙宇中的神祇那里寻求心灵的慰藉与支持。数个世纪以来，一代又一代在南海捕捞的渔民在实践中，逐渐掌握了南海海域的岛礁位置、水流状况和渔场分布。他们将对南海的了解以及航海经验汇总，编写成了《更路簿》。可以说，《更路簿》是海南文昌、琼海等地渔民与波涛不屈不挠斗争的成果，是他们用生命铸就的渔业生产航线。在缺乏现代卫星导航和先进设备的年代，海南渔民依靠《更路簿》、罗盘以及个人经验，在浩瀚的海洋中灵活航行，缔造了海南丰富的海洋文化。千年来，海南渔民在南海诸岛开发，凭借着对南海的礁石位置、地貌特点的熟悉，开辟了一条条航线。这些航线不仅为渔民出海提供了帮助，也为海南部分华人出洋提供了路径。可以这么说，渔民的海上航线和海上丝绸之路为海南走向世界提供了便利。

（二）丝绸之路上的航点

海南岛及其南海诸岛的特殊地位使得它们成为海上丝绸之路上的航点。

丝绸之路，也称"丝路"，指古代以中国为出发点，向亚洲中部、西部和非洲、欧洲等地运送丝绸等物的交通道路的总称。丝绸之路有陆路丝绸之路和海上丝绸之路之分。陆路丝绸之路以长安为出发点，经过河西走廊、新疆、中亚到安息，再由安息到西亚以达欧洲。海上"丝绸之路"始于中国的沿海地区，经过东南亚、斯里兰卡、印度等地，到达红海、地中海以及非洲东海岸等。海上丝绸之路在不同的历史时期，航行路线也不尽相同。

汉代开始，我国就已经开辟了南海丝绸之路。据《汉书·地理志》记载，汉武帝时期，南方始发港口包括徐闻（今广东徐闻）、合浦（今广西合浦）、日南（今越南顺化）三个港口，船只沿着南海、印度洋航行，最远处可以达到黄支国（今印度东南部）和已程不国（今斯里兰卡）。西汉以后，通过这条海上丝绸航路的交往更加繁忙。虽然交流的频率不高也不深，而且出港的港口不在海南岛，但是途经的是南海海域，这对人们认识海南以及将海南逐步推向世界将会产生重要的影响。

从隋代开始，海南诸岛成为海上丝绸之路航线上的航点。

隋代，隋炀帝派人出使赤土国（今马来半岛泰国东南一带），其航线从广州出发，途经西沙群岛和南沙群岛西侧海域，以及越南南部一些岛屿进入泰国湾。唐朝政府对海上贸易采用“任其来往通流，自为交易，不得重加率税”的政策。唐代的海上贸易非常发达，并设立市舶司专管外贸事宜。南海航线之一“广州通海夷道”已经形成，这条海上通道，从广州起航，经过今天九龙半岛和西沙、南沙海域，向西南行到达西亚和东非各地乃至欧洲，是沟通亚、非、欧的海上丝绸之路的远洋航线，沿途经过 30 多个国家和地区，是当时世界最长的远洋航线。南海航线增加了中国与南海外围国家以及更远国家的交流，把中国的丝绸、陶器、铁器运到南海周边及更远的国家，又从这些国家运回象牙、香料、铜锭、海龟壳（玳瑁）、犀角等物（韩愈《送郑尚书序》，《韩昌黎集》卷二十一）。唐代，广州已经成为大港口之一。从广州出发的船只驶出珠江口进入南海后，“西行二日，至九州石（海南文昌的七洲列岛）；又南二日至象石（海南万宁的大洲岛）”[①]。海南岛在当时的东西海上交通中起到中继港口的作用。由于古代航船技术不够发达，所造的船也不够大，持续航海能力有限，必须在沿海地区的港口或岛屿补充粮食和水或修理受损的船只确定后面的航线。大量的船只出入海南岛的东海岸，在海南岛形成了许多专门停船的港口和供其出入的水道。

宋元时期，指南针得到广泛应用，航海技术进一步提高，海上丝绸之路持续发展。航线远达南洋群岛，印度洋、阿拉伯海、波斯湾，以至东非。宋代广州仍然为全国最大的港口。为征收“舶税”和管理，仍在广州设立市舶司并派水师巡逻广东海域，包括海南岛的海域。宋代，南海来广州贸易的蕃舶往往经过海南岛时会停泊休息，然后再继续向北。

海南岛与国内一些地区也有贸易，从江苏的明州，浙江的杭州，福建的福州和泉州，广东的广州、潮州、高州、化州、雷州，都有商船来往海南经商贸易，商船运送来酒、米、面粉、绢、铁具、瓷器等货物，购回海南的沉香、蓬莱香、鹧鸪斑香、生香、丁香、槟榔、椰子、吉贝、麻、褚皮、赤白

① 欧阳修：《新唐书》卷 43，中华书局，1976，第 231 页。

藤、花幕、青桂皮、花梨、高良姜、黄蜡等货物。

海南岛虽然在海上交通中的位置非常重要，而且热带资源丰富，但是由于海南岛与东南亚地区气候相似，土特产与这些国家也类似。海南岛人口少经济规模小，而且岛上大米缺少，在对外贸易中的优势并不明显，并不能像广州那样成为国际贸易交易点。因此，长期以来海南岛只是南北来往中外贸船只的中转站。随着中外贸易的兴盛，海南岛的地位越来越重要，海南的香料和槟榔成为对外贸易中重要的产品。

在明代，海禁政策呈现出时紧时松的态势，对海上贸易活动多有限制性规定。郑和下西洋的壮举，在推动海上贸易发展的同时，也促使海禁政策在一定程度上得到了放宽。郑和七度扬帆远航，除第二次航行外，其余六次均途经海南诸岛，其航线自刘家港（即今江苏太仓）始发，穿越福建地界，随后在五虎门扬帆起航，穿越广东南海海域，继而深入南洋各国。

史籍明确记载，郑和的船队途经七洲洋（即七洲列岛）及独猪山（大洲岛附近），之后抵达占城、爪哇、苏门答腊、锡兰山、古里（今印度喀拉邦北岸的卡里库特）以及旧港（今称巨港）等地，这一航行极大地促进了中国与东南亚地区各国之间的贸易往来。

明朝时期虽然实行很长时间的海禁，但是从未禁止与南洋各国贸易。不过对外国前来贸易的，只允许以“朝贡”的名义，附带商贸前来，限定贡期、贡道和人数，只允许官方与官方接触贸易。因此，明政府设立了市舶司与外国朝贡交接。洪武年间，设宁波、泉州、广州市舶司。广州通往越南占城、泰国、西洋诸国的航线日趋繁忙。在广州这一航线上，海南岛成为朝贡船的中转站。海南的很多港口，如崖州望楼港、毕潭港，陵水桐洒港等成了朝贡船以及伴随朝贡船前来贸易的商船的停泊港和寄宿地。船只在此停靠而后再进入广州。

清代，顺治十二年（1655 年）到康熙十四年（1675 年）期间，政府先后颁发五次禁海令，严禁沿海地区私自出海贸易和捕鱼。而广东沿海地区形成的商贾之风难以抑制，民间有商船冒险出海，形成了民间海上贸易，但这样的贸易很少。直到康熙二十三年（1684 年），清政府取消“海禁”后，只要官府允许，不违反法令者，都可进行贸易，外国商船纷纷进入中国。康熙二十四年，正式开放广东、福建、浙江、江苏为通商贸易口岸。在东南沿海设立海关，管理本地商人和南洋地区贸易，其中在广州设立粤海关，在广东辖区内主要口岸设立总口，隶属于粤海关的海口总口以及所属分口管理本地商人和南洋地区的贸易货物。各地商人纷纷定居于海口，为维护各地的利益，在海口设立会馆，比如潮州会馆、高州会馆、福建会馆等等。从各地运来的货物在海口以及海口周边的墟市销售。海南的灵茶和棉花，丝织品以及糖等货物由闽、浙商船源源不断地运送到广州、福州、泉州，再运到江西、江苏、湖南、湖北等地，当然，也有一些货物，再经过澳门运到泰国、越南、日本等国。除此之外，每年也有不少民船从海南直接开往越南、泰国等地。光绪之后，海口作为通商口岸，外国领事馆在海南岛开设，海南对外贸易更加频繁。

总而言之，海南岛因其独特的地理位置，在历史上成为中南亚地区海上贸易的重要枢纽，同时也是世界丝绸之路航线的关键节点。随着海上商贸活动的蓬勃发展，海南岛的战略地位日益凸显。随着海南岛与海外各国贸易往来的增加，华商出海和外商来华的贸易活动日益频繁，这自然促进了海外移民的趋势。此外，由于海南岛通往南洋各国的海上交通网络发达，出海变得相对容易，也为那些寻求海外生活机会的人们提供了便利条件。

二、海南人移民出国和华侨归国

（一）海南海外移民

自宋代起，海南就有人移居海外。到了明万历年间，海南北部的海边发生了一场地震，导致琼山县的演海乡和文昌县的铺前镇沿海地区大面积陆地下陷，形成了新的海域。当地以农耕为生的居民不得不转而以捕鱼为生，生活陷入了极大的困境。1641 年，旧圩村和儒林村的渔民林树华、陈道禅等有远见卓识的人士，率先倡导“向海洋拓展，前往海外谋生”。他们乘坐小船，经过一个多月与海浪的艰苦斗争，最终抵达越南的芽庄，并在那里开始了他们的侨居生活。此外，一些渔民将西沙、南沙捕捞的海产品和贝壳运往东南亚各国销售，许多人随船散居于东南亚各地谋生。然而，在清代之前，选择出国谋生的海南居民仍属少数。

大规模的海南居民移民海外，主要发生在 19 世纪鸦片战争结束后至 20 世纪中期二战结束前的约 100 年时间里。

鸦片战争之前，清朝政府对那些想要出国的人施加了限制，认为渡海出国是违法行为。到了咸丰十年（1860 年），随着《中英北京条约》的签署，清政府开始允许其公民自由出国。随后在同治五年（1866 年），《沿海各省招工章程二十二款》明确指出"政府允许华工自由出国"，这使得各地居民出国务工合法化，从而引发了海南海外移民的高峰期。

此外，海口作为通商口岸的设立，成为一个贸易集散中心，各国人士得以在海口自由进行贸易和往来。海南地区的商船频繁航行于越南、占城、暹罗、马六甲、雅加达等东南亚各地。随着海外贸易的繁荣发展以及出海贸易船只数量的显著增长，越来越多的海南人选择搭乘这些船只出洋谋生。他们主要来自海南岛沿海的海口、文昌、琼山、琼东、乐会、陵水、万宁、崖县、定安、澄迈等地区。

自海口被指定为开放口岸以来，东南亚的多数国家沦为西方帝国的殖民地。英国、法国等殖民国家在东南亚地区大肆进行殖民开发，建设了机场、军港和铁路，这需要大量廉价的劳动力，包括劳工和家政人员。因此，人口众多且地理位置相近的中国南方沿海地区，成为输出劳动力的重要市场。外国的投机商人和招工中介在海口设立了专门收购华工、处理华工出国事宜的机构。当然，也有一些不法分子通过欺骗手段，将华工像牲口一样卖到南洋各国。这一系列事件极大地推动了海南人的海外迁移。

当然，必须看到的是，从鸦片战争后到 1911 年间，移民出国的人口，大多是作为苦力输出到国外。他们中的很多人被驱赶到种植园、矿山等地从事艰苦繁重的劳动。他们在热带荒原上砍伐垦植甘蔗、烟草、橡胶、胡椒、咖啡等经济作物；在深山矿坑中采掘金、锡、铜矿；在荒野丛林筑桥架路，工作劳动时间长，还多在监工的棍棒、皮鞭监管下强制劳动，几乎没有任何劳动保护和医疗设备，生活缺衣少食，贫困不堪。在如此恶劣的工作和生活环境下，一部分人在艰苦劳累中死去，一部分活下来的人留在了海外。

为了促进团结互助、加强情感联系、共同寻求生存与发展之道，华侨在侨居国成立了旨在保护他们的社会组织。1856 年，海南华侨在新加坡自发组建了"琼州会馆"，这是一个具有代表性的华侨社团组织。根据《新加坡琼州会馆暨天后宫史略》的记载，新加坡最早的海南侨民乡团组织，源于海南华侨华人自发建立的天后宫。早期远渡重洋的海南移民，为了祈求神灵保佑海上旅途平安，普遍有祭祀水神天后圣母的习俗。他们在新加坡定居后，便建立了天后宫来供奉天后圣母。最初，天后宫成为新加坡海南华侨社团聚集商议事务、接待新到同乡、互相帮助以求生存的场所。这便是由海南华侨自主投资创建的最早的华侨社团——新加坡琼州会馆的前身。随后，随着海南华侨的增多，海南（琼州）会馆在各地相继成立。这些会馆作为海南海外华侨的社团组织，在特定的历史时期内，发挥了至关重要的作用。

海南民国时期的海外移民，依旧是以东北部的琼山、文昌、琼海为主，其他县也有涉及。这时期移民出国主要是因为谋生难、当时政局动荡，加之农业生产的诸多不利因素。也有一部分人，是因为家族有人或乡镇有人在洋谋生，相互牵引而出洋谋生。民国时期的移民与前期相比，除了移民出国外，还有出国后因为种种原因回归故里的。

海南华侨最初具有双重国籍的身份，但二战结束后，双国籍身份与所居国的新国籍法有矛盾，造成了麻烦。新中国成立后，在祖国政策的倡导下，许多华侨加入了所在国国籍，他们渐渐融入了当地社会，思想观念从“落叶归根”向“落地生根”转变。但是对于他们来说，“落地生根”不等于文化同化。事实上，他们的文化仍然保持着民族性，中华文化仍然是华侨文化的母体文化，也是华侨的根。另一方面，海南华侨留居海外之后，积极学习当地的本土文化，善于吸收当地文化和西方文化的有益成果，形成了独具特色的海南华侨华人文化①。

（二）华侨归国和华侨农场

1. 归国华侨

早期海南海外移民归国者甚少。1858 年，清政府被迫签订了《天津条约》后，海口被辟为对外通商口岸，华侨的合法地位得以确认，侨汇也得到保护，华侨有了回国的自由。但当时只有少部分华侨选择回乡发展，绝大部分已经移居海外的华侨仍然选择在侨居国发展。海外华侨与祖国的联系大多是通过他们在侨居国自发组织创建的华侨社团，或者通过侨批的方式给国内亲属写信、汇款。极个别回国定居者是受到“落叶

① 刘阳：《海南华侨文化》，海南出版社／南海出版社，2008，第 7-8 页。

归根”的思想影响。

民国期间，尤其是20世纪30年代，很多华侨回国投资或者委托亲戚在海口投资。海口成为我国沿海地区侨办企业投资的重要城市之一。其中大部分投资在进出口棉布、百货、粮食贸易上。在侨商带动下，海口经济发展迅速，侨商在海南的投资，也带动了海南经济的发展。侨商回海南后带来的以柱廊骑楼为代表的南洋建筑风格成为一定历史时期内海口城市建筑风格。

20世纪50年代到70年代，既有怀着极大的热情回乡观光探亲、投资办实业，参与家乡经济建设的华侨，也有受到东南亚各国掀起的一波波大规模反华排华浪潮的影响，被动回归的华侨。二战结束后，东南亚各国相继摆脱殖民统治，走向独立，并全面推动社会变革。在政治与经济领域，这些国家普遍实施了民族主义政策，并颁布了与移民相关的法律，此举打破了原有的社会平衡，导致多种社会矛盾逐渐浮现。首先，直接的矛盾是民族经济发展不均衡，具体表现为华侨经济在许多东南亚国家占据优势地位。其次，民族政治发展亦存在不平衡，冷战背景下，东南亚各国与中国的意识形态差异显著。加之各侨居国与中国的复杂关系、语言多样性等因素，使得原本隐匿的华侨问题日益凸显。面对这些看似难以调和的矛盾，东南亚一些国家采取了不同程度的排华行动与政策。例如，印度尼西亚实施了打击排斥政策，马来西亚则采取了限制措施，而泰国政府则采取了同化与限制相结合的政策。这些政策与行动在不同程度上对华侨在侨居国的生存与发展构成了威胁，导致部分华侨遭受排挤、迫害，甚至破产。此外，这些事件也对中国与相关国家之间的关系产生了不利影响。

随着东南亚各国国籍法的重新制定以及排华浪潮的冲击，大批华侨被联合国组织安置到亚、美、欧洲各国，数以万计的华侨投奔世界各地的亲友，还有30多万华侨被新中国接回安置。新中国为安置接回的华侨，在我国东南地区不少省份创建了各大华侨农场。根据当时实际需求，先后在海南建设了五大华侨农场，这些农场为安置当时回国的华侨起了很大的作用。

2. 华侨农场

海南归国的华侨，大多在政府的安置下进入了海南的华侨农场。因此，我们对海南的华侨农场做简单介绍。

海南华侨农场的建立大致分为三个时期：20 世纪 50 年代马来西亚排华与海南省万宁市兴隆华侨农场的建立；60 年代印度尼西亚排华与海南省琼海市彬村山华侨农场的建立；70 年代越南排华与澄迈华侨农场、东方华侨农场、文昌华侨农场的建立[①]。

兴隆华侨农场创建于 1951 年 9 月，被誉为“中国华侨农场的一面旗帜”，土地面积约 16.6 万亩，先后安置了 21 个国家和地区的归国华侨 13000 多人。作为海南最早的华侨农场之一，兴隆华侨农场的创建主要是为了安置当时被英帝国主义从马来西亚驱逐出境或被关押在其集中营的难侨。之所以选择在海南岛东南部万宁兴隆创建农场，一方面是因为当时大量的海南华侨侨居在东南亚各国，而这些地区排华现象极为严重，产生的归国华侨较多，加上海南地理气候条件与东南亚地域差异比较小。这也是海南相较于我国其他省份创建华侨农场的优势条件。另一方面，兴隆华侨农场位于海南省东南部万宁市境内，这里有国防公路从中间穿过，还有太阳河从小镇旁流过，交通十分便捷。农场地处丘陵，地势由东向西增高，年平均温度为 24.5 摄氏度，土地肥沃、气候适宜，自然条件相对优越，是安置归侨比较理想的场所。兴隆因侨而建，因侨而兴。自建场以来，兴隆华侨农场在中国政府的大力支持和关心下，经过 70 几年的发展，已经从一个一穷二白的农场，发展成为农、工、商、旅游综合发展的中型国有企业。

彬村山华侨农场创建于 1960 年，先后安置了印尼、越南、马来西亚、新加坡等 8 个国家和地区的华侨 2000 多人。彬村山华侨农场的创建主要是为了安置印尼华侨。由于华侨在印尼商业与经济影响巨大，为打压华侨，印尼政府在 1959 年突然发布“在省、县自治区和州首府以外地区经营的外侨零售商必须在 1960 年 1 月 1 日之前停业，由印尼民族企业家或印尼人组织的合作社接管经营”的总统令，顿时令数十万华侨生计无着。除了禁止华侨在二级市场和县级以下小商贩市场营业的政策外，印尼政府还出动军警宪兵威胁、侮辱、殴打华侨，有些华侨的商店被烧、财产被抢，华侨在当地无法谋生，流离失所，人身安全受到威胁，众多普通华侨一再成为受害者。是时，国务院根据当时的国情、侨情制定了接纳安置归侨的总方针，在全国紧急性地扩建了 25 个华侨农场，海南彬村

① 朱华友：《海南华侨农场》，海南出版社 / 南海出版社，2008，第 5 页。

山华侨农场是其中之一。对那些在印尼无法谋生或不愿意继续居留的华侨,根据他们的意愿,派船将他们接回安置,仅 1960 至 1962 年海南安置的印尼归侨就达近 1 万人。彬村山华侨农场自建场以来,不断调整优化农业产业结构,经过数代归国华侨的不懈努力与艰苦奋斗,农场已成功培育出以橡胶和胡椒为核心的两大主导产业,并实现了热带水果种植业的迅猛发展。

澄迈华侨农场、东方华侨农场、文昌华侨农场是在相同的社会背景下创建起来的。20 世纪 70 年代,由于中越领土纠纷和多种因素的作用,中越关系一度恶化,对越南国内的华侨华人进行迫害和驱赶。为了安置被驱赶回国的大量华侨,国家决定新组建一批华侨农场。海南岛东方、澄迈、文昌等县新建东方、澄迈、文昌三个华侨农场在此背景下创建。现在澄迈和东方两个华侨农场已经成为种植荔枝、橡胶、芒果、香蕉等热带农作物的重要基地,文昌华侨农场成为水产养殖基地。

这些华侨农场不仅为归国华侨提供了生活和工作的场所,还促进了当地农业经济的多元化发展,对海南乃至中国的社会经济发展作出了重要贡献。

海南作为中国著名侨乡之一,有海外华侨 300 多万人,分布在世界五大洲近 60 个国家和地区。海南省内有归侨、侨眷 100 多万人,仅次于广东、福建,居全国第三位。海南华侨的主体是侨居海外的华侨,他们作为特殊的社会群体,虽然因生活在其他国家,无形中受到了侨居国当地异质文化浸染,但他们文化的根仍然深扎在祖国,大多数海南华侨怀念故土,在异国仍保留原有的方言、风俗习惯、伦理道德和价值观念。归国的华侨带回来归属地的一些文化,又给海南传统文化注入新的活力,对海南的生产和社会习俗都产生了影响。海南华侨文化已经融入海南社会生活的方方面面,成为海南文化的标志性符号和不可或缺的文化元素,深刻地影响着海南经济社会的发展和进步。

三、踏海归来的实干家

华侨在政治、经济、社会取得了傲人的成果,他们为居住国作出了巨大的贡献,他们不忘祖国,不忘祖籍地,热心为家乡捐款投资,为海南甚至为中国的经济发展做出了贡献。还有一批出洋留学者,他们海外学习后回归祖国,推动中国教育和文化事业的发展,改变了海南的历史甚至中国的历史。他们的事迹是海南文化不可缺少的部分。对海南有影响的华侨以及后裔很多,笔者在此择其要而述之。

(一)实业家的桑梓情

王绍经,一位在新加坡侨居并涉足多个产业的杰出人士,与从马来西亚归国致力于实业发展的侨商何达启等华侨,均在海南商业领域留下了深刻的印记。这些华侨不仅在海南的经济建设中扮演了重要角色,还积极投身于教育等多个领域,为海南的发展作出了贡献。

1863 年,乐会县(现琼海市)诞生了一个传奇人物——何达启。他是清末民初著名的侨商,同时也是海南近代经济开发的先驱者、实业家、慈善家,还被赋予了“一代船王”和“橡胶王国”开发者的称号,这位在经济上取得卓越成绩的实干家,他以其罕见的商业头脑、坚定的诚信原则和勤奋的工作态度,在清末民初的侨商界中崭露头角。他的生平不仅是一部充满奋斗与成功的商业史,更是一部展现华侨坚韧不拔、诚信为本的精神风貌的壮丽史诗。

何达启的传奇人生是从下南洋开始的。何达启幼年丧父,靠母亲抚养长大,在他年 15 岁时,遵从母亲安排,与本村一位女子结为连理。然而,婚后不久,迫于生计压力,赴海口寻求工作机会。此时的海口已经是 3 万多人的城镇,商业繁忙,在海口街头可见洋行和洋人,从海口开往南洋的船只已经普遍。出洋赚钱在海南沿海地区已经是很普遍的现象。何达启坐上了开往南洋的船。他先到越南,在越南开始砍伐原始森林,种植橡胶的工作,而后到马来西亚,在一位德国船长家当佣工。一次,德国船长因要回国处理事务,在匆忙中把装有金银首饰、股票、房契等重要物品的箱子落下了。如果作为帮佣的何达启带走这些财物,他们无法追回,也将面临着破产,等他们处理完事务返回时,何达启将箱子原封不动奉还,船长夫妇喜出望外,对这位佣工刮目相看。

何达启凭借自身的勤勉与诚信,得到德国船长的青睐,进而获得了到别国深造轮船业务的宝贵机会。船长及其夫人更是对何达启寄予厚望,安排其在往返海南与德国之间的远洋航线上担任要职,从基层伙计、水手做起，逐步涉足并全权负责海南轮船业务的代理工作。经过三年的磨炼和自身的努力，何达启业务纯熟、眼界开阔。这些都为何达启日后创办船务公司奠定了基础，他的人生之路也越走越宽。与很多出洋谋生的优秀华侨经历相似，何达启在人生前进的道路上，凭借自身的优良精神品质和聪明才智，遇到了欣赏自己、肯栽培自己的伯乐。

1889 年，何达启经过新加坡、中国香港地区到达海口，目睹海口港内外国轮船盛况，他想到海南本土的远洋运输工具普遍以小木帆船为主的情况，感慨万分。小木帆船不仅运载能力有限，也难以承受恶劣海况的挑战，他决定立志创办自己家乡的船务公司。1890 年，他在海口创办海口市第一家远洋轮船运输公司——森堡船务公司，并投资从德国汉堡购置了一艘大轮船，改变依赖木帆船的运输方式。他开辟海口至南洋的新航线，并经营海口至其他地区的航线[①]。何达启的业务越做越大，鼎盛时期拥有十艘远洋轮船，被称为海南船王。

何达启的船务公司对繁荣海南的经济起了重要的作用。海南的乘客和货物实现了随时运往世界各地的需求，外国物资尤其是钢筋、水泥、木材等建筑材料，也源源不断地运到海口。森堡船务公司几乎垄断了海南的石油贸易和船务运输业务。除了兴办航运业务，何达启还在今天海口市博爱南路建起了当时海口最大的菜市场——展南市场。他在海口置办地产、兴建多家店铺，拥有南发公司、琼盛号等多家知名企业商号和众多房地产，拥有海南书局股份、海兴车路股份、大同戏院股份。

1906 年，何达启与其叔父何麟书（马来西亚华侨）等人共同出资，正式成立了乐会琼安垦殖公司。该公司筹集资金共计 5000 银元，从马来西亚引进橡胶种子，并成功将其运抵海南。随后，在现今琼海市崇文乡合口湾地区，开辟了总面积为 17 公顷的土地种植橡胶，以此为基础创立了琼安胶园。琼安胶园培育成活了 4000 株橡胶树。十年后胶园收获，为中国的橡胶事业做出了贡献。值得说明的是，华侨何麟书在实业救国思想的影响下，投资家乡，除了引植橡胶，还引进咖啡种子在琼海种植，在这两位华侨的倡导下，到 1927 年，华侨兴办的垦殖公司发展到 12 家，侨眷创办的胶园 39 个。从南洋引进的热带作物从橡胶、咖啡到油棕、剑麻、香茅、胡椒、腰果等，种植地几乎覆盖整个海南岛。

何达启能成为传奇人物不止在于其罕见的商业头脑，他还热心公

---

① 刘阳：《海南华侨文化》，海南出版社 / 南海出版社，2008，第 40 页。

益、乐善好施,他先后资助建设了海口福音医院、大英山环海中学三层教学楼等,福泽一方。

新加坡华侨王邵经是中国近代知名海南华侨之一,曾出任新加坡琼州会馆主席和多届新加坡中华总商会董事,他的生平事迹也很值得讲述。

1860年,王绍经生于乐会县,其家境贫寒,仅读私塾数年即辍学。他勤劳种植瓜菜,才智出众,产品优质畅销。18岁时,他奉父母之命成婚并育有长子王先树。1884年,受南洋谋生风潮影响,24岁的王绍经仅带四枚银元和两瓶辣椒酱,踏上了前往南洋的艰难旅程。

年轻力壮的王绍经抵达新加坡后,展现出了非凡的坚韧与勤劳。面对生活的艰辛,他并未退缩,而是选择以挑售蒌叶为生。这种蒌叶用于包裹石灰,裹成三角形,配合槟榔一起售卖,作为当地人的休闲小吃。他凭借自身的双脚与肩膀,穿梭于新加坡的山地之间,不辞辛劳,扁担换了一根又一根。他收集到的蒌叶,均被精心运送到各卖槟榔的摊位,以此换取微薄的利润。尽管收入有限,王绍经却始终心系海南的亲人。他将每一分钱都花在刀刃上。每当有所积蓄,他便会立即将钱款汇往故乡,以帮助妻儿老小的生活。这种自我约束、勤勉持家、心系故土的行为,不仅是海南华侨的典范,也是所有华侨共同的精神风貌。

王绍经在经营蒌叶销售的同时,密切关注市场动态,探寻潜在商机。随着在市场中不断历练,其商业经验日益积累。在此基础上,王绍经凭借有限的资金,投资于布伞的购销业务。通过精心的采购与销售活动,他成功地实现了资本的增值,并获取了可观的利润。王绍经的生意越做越大,在马来西亚收购大片橡胶林,在新加坡购买了一条街上的十几间铺子,把它变成了"绍经街"。他在银行、保险等领域的投资均有收获。他凭借诚信为本、信誉如山的经营理念打下人脉基础,积累起巨额财富,成了新加坡12位著名富商之一。于是,"福建有个陈嘉庚,海南有个王绍经"便在坊间传开。他成为资产丰厚的华侨。

事业稳定下来后,王绍经陆续把孩子接到新加坡,送到学校接受教育。发达后的王绍经生活依旧简朴,孩子们上学只给极少的费用,上下课只能搭乘公交车,但对公益事业却毫不吝啬,他创办了新加坡育英中学,并慷慨捐资,助力学校建设了"王绍经礼堂"。此外,他的两个儿子也继承了他的风格,相继在该校建造了"王先树楼"与"王先南楼",进一步推动了学校的发展。

王绍经在侨居国积极投身于公益事业，展现出其深厚的社会责任感。同时，他亦心系故土，对家乡怀有深厚的感情，始终不忘桑梓之谊。他积极响应家乡的建设，捐资建设了当时的乐会县立中学的"王绍经图书馆"。为家乡建造当时最早的水泥路。

为活跃海南商业，王绍经委托儿子在海口创建了"大亚旅店"和"裕大百货公司"，为家乡的经济发展贡献力量。在抗日战争时期，王绍经更是积极投身到支援祖国的抗日救国运动中。他号召广大华侨捐资抗日，带头购买大量的抗日公债票，用实际行动表达了对祖国的深厚感情。

王绍经先生的一生，堪称一部融合了不懈奋斗、顽强拼搏以及深厚家国情怀的一生。他从一个贫寒的菜农，成长为新加坡的著名富商，却始终保持着对家乡的热爱和对祖国的忠诚。他用实际行动诠释了一个海外华侨的家国情怀。

像何达启、王绍经这样在海外发迹后，就在海南进行投资建设的华侨还有很多，华侨们在海口、文城、嘉积等地投资，兴办火柴、织造、制糖、制纸、制革等小型工业，他们捐助教育、热心公益事业，推动当时海南经济、文化的发展和繁荣，并在家乡留下了一栋栋中西合璧的骑楼。

在归国的华侨中，有一个人对中国政治和经济产生了深远的影响，他就是文昌的宋嘉树。

宋嘉树，字耀如，原名韩教准，于 1861 年诞生于海南文昌昌洒镇古路园村。他是韩鸿翼的次子，韩家的世系原本属于官宦世家，但到了韩教准的祖父韩锦彝时期，家道已经衰落。1872 年，因家庭贫困，韩教准随兄长韩政准前往印度尼西亚爪哇岛，投靠那里的亲戚，成为一名学徒。1875 年，韩教准的一位宋姓舅舅从美国归来，拜访其姐姐，即韩教准的母亲。据史料记载，这位舅舅实际上是韩教准叔父韩鹏翼之妻宋氏的兄弟。他在美国马萨诸塞州波士顿成功地经营一家茶丝商店，唯一的遗憾是没有子女。得知姐夫有三个健康活泼的儿子后，他表达了希望领养一个儿子的愿望。经过一番考虑，性格豪迈且慷慨的韩鸿翼同意将二儿子韩教准过继给这位宋姓舅舅。[①] 过继给宋姓舅舅的韩教准从此改名为宋嘉树。

1878 年，宋嘉树随养父到美国，在养父开的茶丝店里工作，其养父教他打算盘、结账、查账。希望他尽快掌握语言，熟悉经营生意的门道。

① 廖怀明：《根系海南：解惑宋氏家族》，海南出版社 / 南海出版社，2008，第 9 页。

宋嘉树在养父的茶丝店里,遇到了清政府派遣的第一批官费留美学生牛尚周、温秉忠。受他们影响,宋嘉树恳求养父送他到学校读书,但遭到拒绝。他偷偷跑进了停泊在波士顿港口的一艘政府缉私船上做杂役。在船上的生活丰富了宋嘉树的经历,增长了他的见识,渐渐地开始对基督教产生了浓厚的兴趣。他随船长来到美国南方的北卡罗来纳州,结识了当地教堂一位名为里考德的牧师。1880 年 11 月,宋嘉树接受了基督洗礼,被赐予教名"查理·琼斯·宋"。在里考德牧师的引荐下,宋嘉树结识了富商朱利安·卡尔。

在朱利安·卡尔的慷慨资助下,宋嘉树得以进入达勒姆主日学校以及圣三一学院(即后来的杜克大学)深造。1882 年,他转至田纳西州的范德比尔特大学神学院,专注于神学研究。到了 1885 年春天,宋嘉树圆满完成了学业,并流露出进一步学习医学的愿望。然而,这一愿望遭到了主教的反对。主教担心,宋嘉树若在美国继续深造,可能会沉溺于安逸的生活,减弱他回国传教、甘于清贫的意志。因此,主教坚持要求他立即回国,致力于传教工作。面对主教的坚定立场,宋嘉树选择了顺从。

1886 年 1 月,宋嘉树抵达上海,正式成为上海的一名基督教传教士,在苏州、上海等地传教,并执教于教会学校。次年,宋嘉树终于被上级批准了回乡探望父母的请求,他兴奋地乘着轮船回到了阔别 12 年的家乡——海南文昌。在家乡逗留了 7 天,宋嘉树尽情地向父母和乡亲们讲述异国的所见所闻,也听取了他离开家后故乡发生的许许多多的故事。尽管父老乡亲对自己的传教工作不甚了解、不以为意,但宋嘉树对故乡和亲人的爱始终如一、念念不忘[①]。

宋嘉树在礼堂的唱诗班结识了颇有气质的姑娘倪桂珍。与清贫的传教士宋嘉树不同,倪桂珍出身上海很有影响力的士大夫家庭,父亲是牧师,母亲姓徐,是明朝科学家徐光启的后裔。倪桂珍在倪家三姊妹中排行第二,大姐已经嫁给了宋嘉树在美国期间结识的留学好友牛尚周,三妹也和宋嘉树的另一位好友温秉忠到了谈婚论嫁的阶段。宋嘉树在好友牛尚周的鼓励下,向姑娘求婚。1887 年宋倪二人在上海结婚。婚后二人先后生育宋霭龄、宋庆龄、宋子文、宋美龄、宋子良、宋子安 6 个子女。

---

① 廖怀明:《根系海南:解惑宋氏家族》,海南出版社/南海出版社,2008,第 246 页。

1892年,宋嘉树投身工商业,他利用在美国及教会的经验,发现中国市场教刊价格虚高问题。以上海为例,当时的教刊都是国外成品远销而来的,不仅售价昂贵,而且多是英文,国内一般人买不起,更读不懂。于是,宋嘉树决定从《圣经》入手,用当地的物料就地印刷,降低成本。为此,他创建了“华美印书馆”,并与美国圣经协会签订了出版合同,专注于印刷《圣经》的中文译本。此外,他还担任上海阜丰面粉公司的经理。

20多年的苦心经营,宋氏夫妇积累了五六十万两白银。他们利用商业活动所得收益,创立了包括教会学校、儿童乐园以及大众医药所在内的一系列慈善公益设施。宋氏夫妇长期以来致力于推动并积极参与各类慈善事业,其善行善举对子女产生了直接且深远的影响。

宋嘉树对中国所作出的贡献是巨大的。除了上述的奉献,他最为显著的贡献在于对孙中山先生革命事业的坚定支持。1894年夏天,宋嘉树通过经上海北上的革命者陆浩东,结识了久仰大名的民主革命先驱孙中山先生。两人意气相投,一见如故。自那时起,宋嘉树便全心全意地追随孙中山先生,成为一位坚定的反清革命者和孙中山革命事业的忠实支持者。作为孙中山“最初的合作者和朋友”,宋嘉树的贡献最为显著,与孙中山的关系也最为紧密。他不仅积极协助创建“兴中会”和“中国同盟会”,还利用自家的印刷厂秘密印刷宣传资料,支持孙中山领导的资产阶级民主革命。宋嘉树甘愿在幕后默默付出,因此被孙中山誉为革命的“隐君子”。

宋嘉树及其夫人倪桂珍对子女的教育极为重视。他们养育了六位杰出的子女,这六位子女均在美国接受过高等教育,其中三位儿子更是获得了博士学位。他们对中国的现代历史产生了深远的影响:长女宋霭龄曾担任孙中山的秘书,并与民国时期的财政部部长孔祥熙结为夫妻。次女宋庆龄同样担任过孙中山的秘书,并作为他的亲密伴侣和革命战友。新中国成立后,宋庆龄担任了世界和平理事会执行委员、亚洲及太平洋地区和平联络委员会主席、中华人民共和国副主席、全国人民代表大会常务委员会副委员长、中国人民政治协商会议全国委员会副主席、全国妇联名誉主席等多项重要职务。三女宋美龄与蒋介石结为连理,被誉为“民国第一夫人”。长子宋子文在民国政府中担任过多个重要职位,对中国政治和经济产生了显著影响。次子宋子良和三子宋子安学成归国后,在经济建设领域也取得了成就。

（二）教育家的情怀

在移民出国的人群中，除了谋生、做生意外，还有一些是求学的人士，他们当中也不乏优秀者。物理学家颜任光和人文学者陈序经是海南出国留学的佼佼者。

颜任光，1888 年出生于崖州（今海南省三亚市崖州区），自幼聪慧，家境没落后读完私塾就无法升学了，族内兄长觉得可惜，便支持他到附近的教会小学读书，后得到美国牧师的帮助，被送到海口圣经学校读书，之后被保荐到广州岭南中学。

1912 年从岭南大学毕业，考取公费留学，先后获得康奈尔大学、芝加哥大学的硕士和博士学位。曾在芝加哥大学任教，1920 年应邀回国，曾任北京大学教授、物理系主任，成为我国物理学的奠基人。颜任光在测定气体离子的迁移率方面做了独到的研究，对几种气体的黏滞系数的绝对值做出了精确的测定，他在中国物理学界有着重要的影响。

1924 年，颜任光访学英国，参观剑桥大学实验室后，感触颇深，觉得没有仪器设备再好的理论也无法求证。回国后，他与物理学家丁佐成共同创办了我国第一个制造现代科学仪器的大华公司，对发展我国的仪器仪表作出了重大贡献。

抗战胜利后，颜任光应私立海南大学董事会的邀请，回到家乡出任私立海南大学校长之职，支持家乡的教育事业。私立海南大学在战后的海南创造了一个奇迹，被称为“南疆文化中心”，这一成就与颜任光作为校长是分不开的。

陈序经，是历史学家、社会学家、民族学家、教育家。1903 年生于文昌，他的经历十分丰富，早期跟随父亲到新加坡读书。陈序经的父亲陈继美，早年家境贫寒，但他有着不凡的远见和毅力。他选择到南洋谋生，通过种植椰子和橡胶，以及在新加坡做生意，积攒了一笔可观的资金。他并没有像其他同乡那样购田置业，而是将大部分资金用于供陈序经读书。陈序经在新加坡的学校中接受了良好的教育，成绩优异。后来，他返回国内继续求学，在复旦大学学习并获得了学士学位。之后他赴美留学，在伊利诺斯大学攻读政治学和社会学，三年内获得了硕士和博士学位，并回广州岭南大学任教。

陈序经在学术上取得了显著的成就，他尤其重视文化研究，提倡在中国创立“文化学”,并在《中国文化之出路》一文中提出了“全盘西化”的主张,引发全国性的大论战。他还对闽、粤、桂的船家疍民和东南亚各国华侨进行过较多的调查研究,对东南亚史、华侨史、匈奴史也有较深的研究。

陈序经还曾担任多所大学的教职,包括岭南大学、南开大学、西南联大等,并在这些学校中致力于教学和研究工作。他还曾担任岭南大学校长、中山大学副校长、暨南大学校长、南开大学副校长等职务,为这些学校的发展作出了重要贡献。

四、琼与侨的文化融汇

海南华侨对海南的影响深远,他们除了给家乡带回侨资、侨货,推动海南经济发展外,还带回了侨居国的食物和饮食习惯,这些新的饮食元素与海南本地的饮食文化相结合,形成了独特的海南饮食特色。他们吸收海外建筑风格在自己家乡建造融南洋风格和家乡风格的建筑等等,这种文化的交流与融合丰富了海南的文化内涵,促进了海南文化的多元化发展。当然,海南文化也随着华侨的足迹传播到异国他乡,海南的饮食以及民间信仰也融入华侨的侨居国。

(一)骑楼和侨韵华府

随着华侨资本对海南投资形成高潮,也将南洋文化与海南文化融为一体,凸显海南南洋文化的繁荣。骑楼和侨韵华府是华侨文化对海南文化影响最明显的一点。

1. 海口骑楼老街

骑楼是南方炎热地区临街楼房的一种建筑形式,下层的一部分是廊柱或人行道,用于南方的避雨和遮阳,因为楼层部分跨建在人行道上,所以叫“骑楼”。

海口骑楼主要集中在市区的博爱路、新华南路、解放东路、中山路和得胜沙路，长堤路也有部分骑楼，以及这些路周边的巷子也有零星的骑楼。

骑楼的历史与海口早期的对外开放息息相关。晚清时期，海口成为当时全国对外开放的口岸之一，全岛成为对外开放的窗口，在南洋谋生的华侨开始逐渐回家乡投资建设。民国初年，当时在海口政府的大力推广下，拆墙扩城的城市改造运动如火如荼地进行着，伴随着南洋谋生的华侨的投资建设，海口骑楼建筑群逐渐形成。根据现在海口市土地局档案馆档案资料显示，海口的骑楼老街建筑群初步形成于20世纪20年代至40年代，距今已有百年的历史。

海口骑楼建筑群以其多样化的建筑风格而闻名，这些建筑融合了欧亚多种文化元素。其中主要有以下风格：

①仿哥特式。仿哥特式以其强烈的垂直线条和拱形窗设计，充分展现出哥特式风格的装饰特色。这种风格的建筑立面以垂直构图为主，特色鲜明的哥特窗设计，以及底层骑楼廊的仿哥特式窗形式，共同营造出一种浓厚而神秘的哥特氛围。

②南洋式。这是海口骑楼建筑中的一大亮点。这种风格独特而实用，特别体现在其女儿墙上的圆形或其他形状的洞口设计。这些洞口原本是为了应对南洋地区强烈的台风而设，减少风对建筑物的负荷。然而，这一技术处理不仅增强了建筑的稳固性，还赋予了建筑独特的艺术形态，展现了南洋地区人民的智慧和创造力。

③古罗马券廊式。这种风格则以其雄伟的风格和丰富的细节著称。底层骑楼的券柱式设计，券心处的漩涡装饰，以及线角明朗、细部丰富的特点，都让人感受到浓郁的罗马风格。一些建筑还运用了简化的罗马柱式，使得其罗马风格更为鲜明。

④仿巴洛克式。这种骑楼则以其巴洛克式装饰为特点，这种风格多运用在山花装饰及女儿墙中，为建筑增添了更多的华丽与浪漫气息。

⑤仿印度式。仿印度式则在风墙、窗、彩色玻璃和廊柱等处巧妙运用了印、巴、伊斯兰风格的建筑样式和装饰，展现了多元文化的融合与创新。

⑥中西合璧式。这种风格的建筑将偏向西式的骑楼建筑主体与中式的制式和图案相结合，形成了独特而和谐的中西融合风格。在窗、门、廊柱、雕花等处，都可以看到中式元素的巧妙运用，既体现了中国传统

文化的韵味，又展示了西方建筑的精致与典雅。

海口骑楼建筑风格多姿多彩，每一种风格都有其独特的艺术魅力和文化内涵。之所以呈现多种建筑风格，是因为它们是早期出海闯南洋的海南人在异乡打出一片天地后，携带着血汗钱和南洋思想在故乡“落叶归根”的产物。

华侨吴乾椿先生在得胜沙修建的五层楼当时是海口最高最大的楼，这栋楼临街建立，是西洋建筑和中国建筑的融合体，是政要富商的交际场。大量的资金、人员、货物在此流动形成一个个骑楼老商号，商贾络绎、烟火稠密。除了华侨富商为家乡建起的家族式连排骑楼外，历史上还曾有 13 个国家在这里开设了领事馆、教堂等各种类型的政治、民用会所。海口老街曾是海口民国时期最热闹最繁华的街道，现存的骑楼街区仍保持着原有的建筑风格。虽因年代久远，外表显得斑驳古拙，但建筑上却仍然布满了优雅细致的雕塑和西洋情调的装饰，依稀可见雕刻的或花草或飞鸟或龙凤的图案，透出几分雅致和古朴。海口的南洋风格骑楼老街民国建筑基本保留，市井生活气息依旧浓厚。

骑楼是中国文化和外国文化的结合体，在海南沿海地区很常见，除了海口的骑楼老街外，文昌铺前的骑楼老街以及文昌文城的南洋街都是华侨文化的体现，这些骑楼老街积淀了大量的历史文化遗迹，演绎着许多海南华侨相关的风情故事，浓缩着海南侨乡文化的历史，汇聚着整整一部海南近代的历史和故事。

2. 侨韵华府

（1）何家大院

今天，从海口市解放路拐进一个巷子就到了义兴后街，这里坐落着著名的侨宅何家大院。何家大院是侨商何达启主持建造，花费七年时间完成的建筑群，建房的地砖、木头、玻璃从国外海运回来，从斑驳的墙体、五彩玻璃窗花和彩色方砖、巍峨的廊柱等可见当年的辉煌。

1896 年，何达启开始建造何家大院，用七年时间形成了规模宏大的建筑群：两幢高脊平房，三幢南洋和欧式风格的二层小楼，占地面积近 3000 平方米。门楼俊朗挺拔，门楼廊柱上方的木雕图案十分精美，动物和花卉图案雕刻得栩栩如生。门楼设有中门和侧门，平时中门关着，打开侧门；贵客来访，才开中门，中门上方有一“表海雄风”木匾。宽敞的大院用长条青石板铺成。北侧院墙屏风墙两侧分别有两个拱门，通往前花园，花园后边一座二层楼房。大院北侧前排的一幢两层楼房是主屋，有木梯从东侧上楼，二楼摆放神龛，供奉祖先牌位，一楼是中式卧室。主屋的楼梯原是雕花木梯，六扇雕花木门。廊柱、栏杆为西洋式造型。大院西侧原有一幢平房，北侧围墙旁有口古井，后来被毁坏。每幢建筑都有门廊相通，四通八达，有大小房间数十间。每幢屋内都有相同数量珍贵的花梨木家具[①]。这里堪称中西合璧，是20世纪海口最繁华的大院。王达启一共娶了15房妻妾，她们给他生了13个儿子和4个女儿，为了安置妻妾，他在海南、广州、香港等地建和购房子。海口市的何家大院是他和八位妾室和子孙居住的地方，也曾经是洋人、富商政要聚会的地方。

如今何达启祖孙后代遍布海南省和香港、台湾地区，以及美国、加拿大、日本等国。据何达启的孙子何子健介绍，当年的何家大院可谓奢华至极，不仅楼宇俊朗挺拔、廊柱木雕图案精美，就连用的彩绘玻璃、地板彩砖都是从国外购买运回海口。时过境迁，如今的何家大院早已没有了过去的奢华。1952年土改时期，何家大宅院也被拍卖给海南区商业局。该单位在使用期间，对原有的房屋进行改建，损坏了房屋的原貌。20世纪90年代，当时何家大院的归属单位海南商业集团公司将院内三栋主建筑中最漂亮的两层南洋风格小楼，拆除后建成四层混砼结构宿舍楼，中式客房拆建成商业幼儿园，花园、亭台改成幼儿园操场。何家大院中、西、南洋风格院落被彻底破坏。2007年，何家大院退还给何达启的合法继承人，但何家大院早已不复当年的辉煌。近些年，何家人每年还是会回到故居一起吃年夜饭，在春节举行家族聚会。几百位何家儿女在被改建成幼儿园的何家大院中铺排一桌桌宴席，短暂的聚首后，又将奔向各地，回到各自的生活，待来年春节，再赴一年一次的约。

（2）蔡家大院

坐落在万泉河下游今琼海博鳌镇留客村的蔡家大院，是海南的历史文化遗产，更是侨乡文化的杰出代表，被誉为“海南侨乡第一宅”。

蔡家大院是蔡氏四兄弟蔡家森、蔡家炳、蔡家锦、蔡家宏的住宅合称，大院占地大约3亩，建筑面积差不多达3000平方米。它始建于1934年，由印尼华侨富商蔡家森及其三个弟弟出资兴建。蔡家森早年

① 刘阳：《海南华侨文化》，海南出版社/南海出版社，2008，第51页。

在南洋艰苦创业，积累了一定财富后，带着丰厚的资金回到家乡，与兄弟们共同建造了这座大院。蔡家大院建筑风格独特，融合了中西方的建筑元素。大院内的建筑布局规整，每座宅子都自成院落，但又彼此相连，形成一个整体。大屋的前檐既有中国古钱币和古代宫灯雕塑，又有西方的主题花盘和古罗马人头像雕刻，屋顶既保留海南民居的屋脊翘头，又大胆采用西方圆、弧的变化图案，整体屋顶别具一格，展现出一种独特的侨乡风情。

蔡氏兄弟在回乡后，除了修建蔡家住宅外，还积极参与家乡的建设，筹建学校、重修码头，为家乡的发展作出了重要贡献。1939 年日本侵占海南，蔡氏兄弟回印度尼西亚避战乱。此宅曾住过汉奸和国民党军队，20 世纪四五十年代这里曾是抗日游击队的交通站，还先后是朝阳乡人民政府办公室、乡粮所和公社食堂，1982 年房子归还蔡家后人。

蔡家大院还承载着丰富的历史文化内涵，如今，蔡家大院已经成为当地一处重要的旅游景点。许多游客来到这里，不仅是为了欣赏其独特的建筑风格和精美的内部装饰，更是为了感受那种浓厚的侨乡文化氛围。蔡家大院作为一处重要的历史文化遗产，得到了当地政府和社会各界的重视和保护。

（3）文昌符家宅

文昌符家宅，位于海南省文昌市文城镇头苑办事处玉山村委会松树村，占地面积 1326.1 平方米。符家宅由符永质、符永潮、符永秩三兄弟共同组建而成，始建于 1917 年，符氏三兄弟在 20 世纪初，为生计远涉重洋，赴新加坡经商。通过橡胶业发迹后，兄弟三人便在家乡建造这座豪华的大宅。

房屋由院墙、三栋连体二层正屋和单列的 8 间横屋组成，共有 34 个房间，廊道、天井、宅院构成了这座辉煌的建筑。三栋二层的楼房第一层为海南常见的正屋结构，中间为厅堂，两边为卧室，第二层房子前后都设有阳台，阳台采用琉璃瓶护栏，时间过百年，这些琉璃瓶色彩依旧鲜艳。每一栋楼都有独立的木质楼梯通往二楼，楼梯底部由砖石台阶抬高木质楼梯，现在木质楼梯已经毁损，二楼的木质地板也掉落。这座老宅最显眼的是层层叠叠的拱券，多道拱券层层排列使得符家宅庄严肃穆又宏伟，也使得宅院无论从哪一个角度看去，都产生了不同的空间感。

符家宅将洋建筑风格和本地建筑风格融合一体，在总体设计上采用了欧式建筑风格的拱券、柱饰、尖顶等元素，同时在平面布局、屋顶处理、厅堂连结、侧边门楼等方面仍沿用海南传统民居样式，细微之处的木雕、石雕、灰塑、阴雕镂空等中式工艺尽显中国传统建筑的精致典雅。

房屋建成后，符氏三兄弟中的大哥符永质、二哥符永潮相继回新加坡经商，留下三弟符永秩往返于新加坡和海南之间，兼顾生意和看管房屋。1930 年日本侵华战争爆发，为躲避战乱符家举家搬往新加坡。此后符家宅成为游击队的驻扎地，解放后被作为办学场地等，现在可见屋内的墙壁上有"一年级"和"学习园地"的字眼。

文昌符家宅不仅反映了海南汉族民居的典型特征，还体现了南洋、西洋建筑对当地民居的影响。这座老宅是符氏三兄弟成功后的象征，也是他们为家乡留下的宝贵遗产。如今，尽管符家宅已经历了岁月的洗礼，显得有些破败，但它依然吸引着众多游客前来参观，感受这座百年老宅的魅力和历史底蕴。

（二）"洋味"琼迁和琼菜扩部

1. "洋味"琼迁

最早将咖啡引入海南岛的是南洋的海南华侨。他们不仅将咖啡的种子带回海南，更将喝咖啡的传统、制作和冲泡咖啡的手艺也带回了家乡。清末民初海南人前往南洋时，由于贸易利润丰厚的行业已被先期抵达的福建人和广东人所占据，他们更多地选择在洋人家庭中从事厨师或管家等职业。在此过程中，他们学习了西洋糕点和咖啡的制作技术。海南移民巧妙地结合了西洋咖啡制作技术与当地人的口味偏好，研发出了独特的咖啡豆加牛油糖在炭火上拌炒的烘焙方法。这种别具一格的烘焙方式不仅保留了咖啡的原有香气，还使得咖啡的色泽更加油亮诱人。同时，冲泡方式也别具匠心，先将炼乳及砂糖置于杯底，再将滚烫的咖啡倒入，使各个元素得以充分融合。轻轻搅拌后，咖啡的味道更加香醇且均匀，为品尝者带来了独特的味觉享受。

海南地区咖啡的广泛种植以及咖啡制作技艺，得益于华侨的引进与传承。新中国成立前，福山咖啡便以其卓越的品质享誉海内外，这无疑是华侨们精心培育的硕果。海南解放后，随着众多来自印尼等地的华侨归国，饮用咖啡逐渐在归侨聚集之地蔚然成风。如今，在万宁的兴隆镇，当地居民对于咖啡的热爱以及兴隆咖啡这一品牌的崛起，均体现了华侨文化的深远影响。

海南华侨所带回的咖啡制作技术，经过不断创新与融合，已逐渐演变成为独具海南特色的咖啡文化。如今，咖啡文化在海南已深入市井，与当地习俗相融，咖啡已成为海南文化的重要载体之一，它充分展现了海南地区的开放与包容、创新与发展的精神内涵，成为海南向世界展示自身独特魅力的重要名片。在海南这片充满生机与活力的土地上，咖啡文化的繁荣发展正成为推动当地经济社会发展的新动力。

海南老爸茶的出现与华侨带回的喝咖啡习惯有着紧密的关联。可以说，海南地区饮用“老爸茶”的传统是源自喝咖啡的习惯。在早期，一些从南洋归来的华侨将喝咖啡的习惯带回了海南，并在当地开设了茶店。这些茶店不仅供应咖啡，还提供了其他茶点和食物，逐渐发展成为现今所称的“老爸茶”，正如《海南岛民俗志》中所言：“近十余年来，琼崖与外交通发达，滨海各区，都市林立，喝茶之风，随风而至；而南洋一带之华侨，尤有饮咖啡之风，习俗所染，内地亦交相竞效，于是茶馆应运而生，市镇之所，茶肆少者三数间，多则十余间。”[①]

海南的加积鸭与马来糕等美食，与海南华侨群体之间存在着紧密的联系，它们都是海南文化与南洋文化相互交融的生动例证。

加积鸭，作为海南四大名菜之一，其起源可追溯至东南亚地区。海南华侨自马来西亚将这一独特的鸭种引进海南，经过与当地饲养技术的巧妙融合以及烹饪手法的不断创新，逐渐发展出别具一格的加积鸭。加积鸭以其肉质细腻、皮薄骨小、香气四溢而著称，成为海南餐饮文化中的一颗璀璨明珠。

马来糕同样是一种带有华侨印记的食品。它源自马来西亚地区，由华侨带入并在兴隆传开，此后由于海南老茶店的普及，马来糕在海南各地传开。马来糕以其独特的口感和风味赢得了人们的喜爱，成为海南各地糕点中的一道亮丽风景。

海南侨乡的饮食文化受到南洋的影响，华侨把南洋的食品和饮食习惯传入家乡。这些食品不仅仅是一种美味的享受，更是海南文化与南洋文化交流和融合的产物。南洋地区的食品及饮食习惯在海南传开，进一

① 刘仕刚：《市井文化的延续——从海南“老爸茶”谈起》，《宗教信仰与民族文化》2018年第2期，第214-223页。

步丰富了海南的饮食文化内涵。

2. 琼菜扩部

南洋美食传入海南之际，海南的美食亦在东南亚国家扩散。正如前面所言，早期有较多海南人赴东南亚国家，从事厨师等职业。他们在为洋人烹调咖啡的同时，亦致力于探索和研究多样化的美食。这些海南厨师巧妙地将海南菜的特色与西式风味相融合，创造出别具一格的菜品。例如，马来西亚槟城海鲜楼推出的牛油芝士焗蟹，便是海南菜与西方菜系的完美结合；而新加坡的东方扒鸡，则是海南人借鉴西方烹饪技巧后改良和创新出的新菜式。

此外，一些海南传统菜式也在南洋地区直接推广开来。在东南亚各国享有盛名的琼菜非文昌鸡莫属。在东南亚的许多国家，只要有文昌人的聚居地，便可见到文昌鸡美食的身影。在这些地方，文昌鸡的名称已有所变化，通常被称为“海南鸡饭”。这是因为当时下南洋的海南人为了生计，纷纷摆摊贩卖鸡饭。由于海南人最早制作并贩卖鸡饭，因此这一美食被统称为海南鸡饭。

海南鸡饭的演化发展历程及其在东南亚国家的广泛传播，可视为近代海南人“下南洋”的生动缩影，这一进程与海南人背井离乡、远赴南洋的历史背景紧密相连。海南鸡饭最初仅为海南本地的常见菜品，随着时间的推移，它逐渐演化为东南亚华侨华人的特色饮食，并最终成为新加坡、马来西亚的“国菜”，这一演变历程历经了一个多世纪的沧桑岁月。

颇具影响力的资深报人王振春，在其系列作品《根的系列》中，曾撰写一篇题为“海南鸡饭下南洋”的文章。该文明确指出，海南鸡饭的创始人为王义元。1935 年，王义元离开海南，远赴新加坡谋求生计。和当时众多南下的海南人一样，由于缺乏技术优势，他只能以商贩身份起家。每日清晨，他肩挑扁担，穿梭于大街小巷，售卖自制的海南鸡饭团，生意颇为兴旺。王义元在制作海南鸡饭时，不再采用传统的文昌鸡，而是选用东南亚当地的走地鸡；同时，将复杂的鸡饭制作简化为易于携带的饭团，满足当地劳工的需求。海南鸡饭因其经济实惠、携带方便的特点，深受劳工们的喜爱。每当王义元想提前收摊回家时，他便大方地将剩下的鸡饭送给别人吃，后来，他积攒了一定的资金，便在新加坡海南二街的桃园咖啡店开设鸡饭档口。据王振春在文章中记载，该咖啡店应为马来西亚和新加坡首家海南鸡饭店。随后,王义元又将档口迁至海南一街的琼林园咖啡店。随着新中国的成立,王义元思乡情切,遂将店铺招牌更名为“王共产鸡肉”。久而久之,人们便将王义元售卖的鸡饭称为“共产鸡饭”,而他本人则被誉为“王共产”。从最初的沿街叫卖,到后来的固定摊位经营,王义元的生意日渐兴隆。其助手莫履瑞继承了他的手艺,并在新加坡成为“海南鸡饭”行业的一名杰出领军者。

现在的海南鸡饭其实并非完全与文昌鸡的做法一致,它在创始人王义元卖海南鸡饭的时期就已经被改造过了。受东南亚各国原材料、文化、生活习惯等的影响,海南鸡饭的做法早已千变万化,各有不同。新加坡的海南人根据当地气候、食材及饮食习惯改进了白斩鸡技艺。他们使用丁香和香兰叶为鸡肉增添“新加坡风味”。受西方饮食影响,他们采用冰水浸泡鸡肉并剔骨处理,符合新加坡人的偏好。蘸料上,海南鸡饭就地取材,马来式辣椒酱尤受欢迎。此外,为方便顾客,海南鸡饭还提供套餐形式,搭配清爽小菜,呈现荤素搭配的特点。

作为东西方餐饮文化交汇之地的新加坡,除了有印度菜系、马来菜系、英国西餐菜系外,还有中国佳肴。这里的餐饮文化百花齐放,是东南亚的美食天堂,中国佳肴亦在此地绽放光彩。海南鸡饭能够在如此竞争激烈的餐饮市场中脱颖而出,足见其美食魅力的不凡。海南鸡饭是新加坡的美食代表,通过港台明星的推广,已享誉全球华人圈。多位明星如梅艳芳、吴君如等都对海南鸡饭赞不绝口。2004 年,由新加坡毕国智导演、多地演员参与演出的电影《海南鸡饭》受到了关注。著名演员张艾嘉饰电影中的母亲,讲述了新加坡经营海南鸡饭的母亲与三个孩子的成长故事。一部电影以一个菜名为名,无疑为海南鸡饭做了一个免费大广告。在海外侨胞的推广下,海南鸡饭在东南亚、日本、澳大利亚、美国等地都受到了热烈欢迎,成为当地美食之一。

(三)华侨纽带下的海神信仰

历史上,海南沿海地区的居民大多以海洋为生,对海神怀有深厚的信仰。他们为寻求生计,前往南洋谋生,勇敢地漂洋过海,将自己的生命安危寄托于所信仰的神祇。当他们抵达东南亚地区后,更是将海神信仰带至侨居地,这不仅是对家乡深深的牵挂,也为他们提供了一种精神上的保障。

妈祖，又称天妃、天后圣母等，是历代船工、海员等信奉的海神。据宋代文献记载，妈祖原名林默，福建省莆田市湄洲岛人，她是为躲避战乱而从中原南迁到莆田的普通老百姓后裔中的一名普通女子。林默生于宋建隆元年（960年）农历三月二十三日，逝世于宋雍熙四年（987年）农历九月初九，年仅28岁。林默从小吃斋茹素，侍奉神灵。据传，她生前乐善好施，获得了乡邻的一致好评，但有一次林默在救助他人的过程中不幸失足掉进了海里。后来，人们传说她经常显灵护佑船只，拯救海难，于是，渐渐成为福建沿海渔民心中的保护神。福建渔民出海捕鱼前有拜妈祖祈求平安的习俗。

历史发展过程中，妈祖地位不断提高，被历代皇帝多次褒奖，逐渐成为民间至高无上的海神。元代，妈祖信仰传入海南岛，明代，琼山人唐胄的《琼台志》记载，元代时海南岛已有4座天妃庙。明清时期，海南岛妈祖信仰盛行，琼州府所属的13个州县共建50座天妃庙。近现代，海南妈祖庙宇数量增多，沿海地区皆有，估计已超过100座。在海南的很多沿海地区，每当船只出海时，渔民们都会虔诚地向妈祖祈祷，祈求一路平安，顺风顺水。可见，在明末清初海南大批人到南洋谋生之前，妈祖信仰在海南已遍布民间。妈祖被百姓尊为海神，她像观音菩萨一样，救苦救难，给人们带来安全，在大海航行中化险为夷，保驾护航。

海南人到南洋谋生，需要克服九死一生的海上航行的挑战，才能到南洋各国。游子们出于感念妈祖在海上的佑护而敬拜妈祖，而后，有些往返于海南与南洋各国之间的海南华侨祈求妈祖佑护和感恩妈祖佑护也常常祭拜妈祖。在这一背景下，妈祖再次展现出其深邃的精神支撑作用，成为海南华侨心中寄托希望、祈求事业兴旺的重要象征。当然，还有另一个原因：由于早期南洋华侨社会深受籍贯、帮派分野的影响，他们面临着人地生疏、备受歧视的艰难处境，在漂泊异乡、流亡海外的岁月里，祭拜妈祖自然成为海南华侨联络感情、凝聚力量的重要方式。因此，有海南人的地方也有妈祖信仰。

水尾圣娘和108兄弟公，是海南地区民众所信奉的重要民间信仰。水尾圣娘，全称南天闪电感应火雷水尾圣娘，亦称南天夫人，是海南沿海地区，特别是文昌一带民众所尊崇的海上神灵。她承载着守护渔民与航海者平安的职责，具有保佑渔业繁荣与航海顺畅的神圣使命。在民间流传着诸多关于水尾圣娘的神奇传说，这些传说丰富了她的信仰内涵，也加深了民众对她的崇拜与敬仰。其中一则流传甚广的传说是：水尾圣娘生于元末明初，名为莫氏丽娘，因其多次展现神迹，为民众所敬仰，故立庙祭祀以表感激与尊崇。此外，还有关于一位进京应试的学子张岳崧的传说。据传，张岳崧曾在梦中受到水尾圣娘的指点，后来高中探花。为表达对水尾圣娘的感激之情，他亲自前往海南供奉的水尾圣娘庙题字赠匾，并奏请皇帝赐予水尾圣娘"南天闪电感应火雷水尾圣娘"的封号。

而 108 兄弟公，作为土生土长的海南海洋神灵，是海南人开发南海、开拓海外世界的国民性的化身，也是海南民间信仰的重要组成部分。这个信仰的起源与渔民的历史事件紧密相关。据记载，明朝时期，有 108 个渔民在前往西沙群岛捕鱼时遭遇不幸，他们被误认为海盗而遭到杀害。他们死后变成了海神，扶弱救危，拯救将沉之船，显圣海上，被海南文昌和琼海渔民奉为海神，人们在海边建庙祭拜[①] 名为"108 兄弟公庙""昭应庙"或"兄弟公庙"。每当渔民出海捕鱼时，他们都会到这些公庙祭拜，祈求出海平安和丰收。

在今天的东南亚等地随处可以看到，大多数的妈祖庙是和姓氏宗祠或同乡会所一同建造的。比如，1857 年，在移居新加坡的各帮华人所组织的地缘性团体中，琼州会馆也在此时正式成立，乃为最早的五所之一。1879 年春，在新加坡的琼籍同乡决议重建琼州会馆暨天后宫，天后宫内供奉天后圣母、水尾圣母、昭烈 108 兄弟公诸神灵。如今这些庙宇依旧香火不断。再如在马来西亚，海南华侨所建的琼州会馆，多是会馆与天后宫（妈祖庙）"二位一体"。据统计，至今"马来西亚海南馆联合会属下各州内的 68 间海南会馆，其中 35 间设有天后宫，46 间供奉妈祖"[②]。马来西亚海南华侨所建的天后宫除了供奉妈祖外，还供奉水尾圣娘、108 兄弟公、冼夫人、观音菩萨等神祇。

在东南亚地区，海南海神信仰文化的印记随处可见，这种共同的海神信仰文化，不仅成为广大海南华侨与祖国和家乡同胞之间的精神纽带，更是他们寻求心灵慰藉、化解生活困扰的重要途径。在这些海神神系中，水尾圣娘和 108 兄弟公是海南本土神灵，它们和妈祖同为海神，同是海南华侨从海南移植到侨居地的乡土信仰，但因这是海南土生土长的神，因此，东南亚地区海南华侨的信仰与闽南、潮汕、广府和客家等籍

① 张逢博：《马来西亚琼籍华人的妈祖信仰》，《文化学刊》2017 年第 3 期，第 185-189 页。

② 李一鸣、宋可玉：《妈祖信仰在海南岛的流行与传播及其当代价值》，《新西部》2017 年第 13 期，第 79-81 页。

邑信仰相比，更具有方言群特色。

琼与侨文化的融合形成了海南独特的华侨文化，这种文化是海南文化与侨居国文化交流、结合的产物，琼与侨文化融合不单是上面所介绍的，其融合是多方位的。多方位的融合铸就了海南独特的华侨文化，使得海南在保持自身传统特色的同时，也积极吸收和借鉴了侨居国的先进理念和科学技术，大大推动了海南社会的发展；同时也推动了教育的发展，丰富了海南的文化内涵。琼与侨文化的融合不仅彰显了海南的独特魅力，也为海南的发展注入了新的动力。

第六章　海南文化新篇章

一、海南建省办特区

（一）从艰苦建设到经济特区的成立

1950 年 5 月海南解放。跟随着新中国的步伐海南开始了新的建设。

海榆中线公路和松涛水库的工程就是海南解放后的伟大建设。1954 年 12 月通车的海榆中线公路，是一条新中国成立后首批的国防公路之一。始建于 1952 年的海榆中线公路，其建设过程中充满了艰辛和牺牲，开山劈岭，筑桥铺路，在那个没有先进设备的时代，平均每 1.34 公里的路程就有一位指战员或民工牺牲，总计有 221 名指战员与民工为了这一伟业献出了他们宝贵的生命。他们用血肉之躯筑成了自海口经五指山后再到三亚的南北通道。海榆中线公路的开通提升了海南岛的交通网络，对促进海南岛中部地区的开发以及改善黎族和苗族少数民族的生活条件，进而推动海南经济建设的发展，起到了至关重要的作用。松涛水库的建设是海南岛乃至全国水利建设史上的一个重要里程碑。1958 年松涛水库建设拉开序幕，经过 12 年的不懈努力，来自海南各县市的 6 万名劳动者克服了重重困难，挖平了 13 座山丘，并陆续建成了包括松涛大坝、副坝、南丰隧道以及一系列渠道在内的水利工程。为此，600 多名建设者付出了生命。松涛水库的建成，极大地改善了海南的农业灌溉条件，为农业生产的发展奠定了基础，当然，松涛水库也起到防洪、供水、发电的作用，直到现在松涛水库还发挥巨大的作用。

海南解放初期至 1978 年的这段历史时期，海南在基础设施建设领域取得了一定成就。但由于广泛的发展需求与庞大的投入需求，海南的经济增长速度相对缓慢。此阶段，海南的产业结构以农业为主导，其中橡胶种植业占据了尤为突出的地位。自清末华侨从马来西亚引入橡胶种植以来，海南岛上陆续涌现出诸如琼安胶园等多处私营橡胶种植园，海南的橡胶产业得到初步的发展。海南解放后，鉴于橡胶对于国家经济及战略安全的重要性，1952 年 2 月，人民解放军林业工程第一师正式成立，这支队伍深入山区，拉开了海南橡胶种植的序幕。此后，包括农林专家、技术人员和 1965 年起积极响应国家号召、跨越琼州海峡前来海南的 10 余万广东知青，纷纷投身到海南的开发建设中。他们主要以橡胶种植为工作重心，将广袤的热带雨林逐步转变为郁郁葱葱的橡胶林，得益于国家政策的支持，海南的橡胶产业迅速实现了规模化扩张。

1978 年 12 月，中国共产党第十一届中央委员会第三次全体会议胜利召开，这一历史性的会议标志着中国正式迈入改革开放的新纪元。自此以后，中国的改革开放如同一股势不可挡的历史洪流，席卷全国，深刻改变了国家的发展轨迹。设立经济特区，逐步开放沿海港口城市，拓展对外开放的范围和深度，成为时代的主流。在这一波澜壮阔的改革开放大潮中，海南岛的开发与建设也被明确纳入国家发展的重要议程之中。

1980 年 6 月 30 日至 7 月 11 日，国务院在北京召开海南岛问题座谈会，决定加速海南岛的开发与建设。

1982 年 12 月，在四个经济特区（深圳、珠海、汕头、厦门）走上正轨之际，中共中央、国务院决定进一步研究海南岛的开放和开发问题。

1983 年 2 月，时任中央书记处书记的谷牧到海南岛调研。3 月，他一回到北京就组织国务院有关部门与广东省、海南岛有关人员讨论，提出综合意见，报请中央审议。4 月 1 日，中共中央、国务院批转《关于加快海南岛开发建设问题讨论纪要》，并发出通知，决定加快海南岛的开发建设，在政策上放宽，给予海南岛较多的自主权，并指示中央各有关部门采取积极态度，从人、财、物方面给海南岛以必要的直接支持。

1984 年 2 月 24 日，邓小平在视察深圳、珠海等经济特区回京后，在同中央几位负责同志的谈话中，高度评价了经济特区的成就，提出应进一步开放沿海港口城市。对于海南的开发，邓小平提出了用 20 年时间把海南岛的经济发展到台湾的水平的设想。邓小平对海南的关注，促使中央和国务院领导将海南的开发提上议事日程。

1986年2月5日至14日，国务院领导深入海南岛的两市、八县考察，同当地干部群众一起商讨开发海南的方针政策。此次考察，成为海南升格为省并成为经济特区的最初动因。

1986年10月，刚卸任深圳市委书记兼市长的梁湘，奉命去海南调研，提出加快开发海南的意见。梁湘在报告中建议，将海南从广东分出去，单独建省。

1987年5月，谷牧专程前往广东，与有关同志仔细研究和讨论，提出了《关于海南岛进一步开放的一些初步设想》，并报送中央。《关于海南岛进一步开放的一些初步设想》建议，将原来的海南行政区（包括所辖南海诸岛）单独建省，同时将海南全省办成经济特区，在经济政策和经济管理体制上更放开一些。中共中央、国务院完全同意这个设想，并责成谷牧着手筹办海南经济特区。

1987年9月26日，中共中央、国务院发出《关于建立海南省及其筹建工作的通知》，通知明确，国务院将给海南省更多的自主权，规定更为优惠的政策，使海南省成为我国最大的经济特区，同时成立海南建省筹备组。

1988年4月13日，第七届全国人民代表大会第一次会议通过国务院提出的关于设立海南省和建立海南经济特区的议案。4月26日，海南省委、省政府正式挂牌。5月4日，国务院批准和公布了谷牧主持制定的《关于海南岛进一步对外开放加快经济建设座谈会纪要》和《关于鼓励投资开发海南岛的规定》。这宣告了海南省及海南经济特区的正式成立。[①]

海南省的成立开启了海南发展的新篇章，而海南经济特区的建立则为中国的改革开放注入了新的活力。中央政府对海南寄予厚望，明确提出了海南应在体制创新、产业升级、扩大开放和经济发展等方面走在全国前列，发挥对全国改革开放的示范、辐射和带动作用。

（二）改革开放举措

在迎来历史性的跨越与民族复兴的伟大时刻，海南经济特区作为全

① 徐庆全：《1988年海南建省办特区始末》，《党员文摘》2018年第7期，第34-35页。

国范围内规模最大的经济特区，被赋予了独特的政策支持与重大使命，被推向了改革开放的最前沿。海南通过深化体制改革和实施对外开放等战略促进经济特区的全面发展。

建省初期，海南确定以经贸为龙头产业发展方向，进行了多项改革：

省级机构改革。1988 年，实施直管县市体制，推动“小政府、大社会”的管理模式，通过精简机构以达到提升行政效率，促进经济发展。

价格市场化改革。自 1992 年起，海南省迈出了价格市场化的坚实步伐。通过粮食购销同价改革等措施，海南省成功推行了价格议购议销机制，使粮食价格由市场供求关系来决定，最早促进了商品价格的市场化进程。

社会保障体系的建立与完善。1992 年，海南省建立了省级统筹的社会保险制度，覆盖了养老、失业、工伤、医疗等多个领域，初步形成了新型社会保障体系的框架。同时，海南省还通过立法手段进一步巩固和完善了社会保障体系。

燃油附加费改革。1993 年，海南省实施了燃油附加费改革，取消了岛内公路的多项收费项目，并将其合并为燃油附加费。这一改革实现了“一脚油门踩到底”的便捷与高效，为群众出行带来了便利。

企业登记制度改革。1993 年，海南省对企业登记制度进行了重大改革，由审批登记转为直接核准登记。同时，取消了企业主管部门和挂靠部门，简化了企业登记流程，促进了市场准入的便利化。

农业税改革。从 2004 年起，海南省逐步取消了农业税；到 2005 年，全面取消了农业税，这一举措走在了全国的前列。

企业股份制改革。自 1991 年起，海南省开始推行股份制试点工作，全面深化了企业改革。这一改革促进了多家股份有限公司的成立和发展壮大。

农垦改革。自 2003 年，海南省大力推进农垦改革工作，组建了如海南天然橡胶产业股份有限公司等专业集团公司。这些举措显著增强了农垦系统的发展活力，为海南省的农业现代化建设作出了积极贡献。

在推进改革进程的同时，海南省还实施了一系列开放措施：

①设立经济开发区和保税港区。省会海口市的金融贸易开发区、金盘工业开发区、港澳工业开发区、海甸岛东部开发区，是海南经济特区最早动工兴建的一批开发区中最有影响力的四大开发区；其他县市如琼山县（后改为海口市）的桂林洋开发区，文昌县（后改为文昌市）清澜

港开发区等各自有不同的地位，经济特区通过政府投入和招商引资，从道路、桥梁、港口、供水、通信等基础措施到房地产、旅游业、工业等方面开始轰轰烈烈的建设。

1992 年，海口保税区的设立是海南经济特区发展史上的一个重要里程碑。保税区作为一种特殊的经济区域，促进了国际贸易、转口贸易、出口加工、仓储运输等业务的发展，从而加速了海南的工业化、现代化进程。到了 2007 年 9 月，洋浦保税港区的设立，则是海南对外开放和经济发展的又一重大举措。洋浦保税港区不仅具有保税区、出口加工区、保税物流园区等海关特殊监管区域的全部功能，还拥有港口作业、国际中转、配送、采购、转口贸易、出口加工、船舶制造等功能。保税港区设立和运转，进一步提升了海南的国际物流能力和贸易便利化水平。

②建立博鳌亚洲论坛。从 2002 年起，每年举行一次博鳌亚洲论坛年会，参与者来自亚洲（不局限于亚洲）政府、企业及专家学者等各界人士，就经济、社会、环境等议题进行高层对话。博鳌亚洲论坛在推动亚洲经济一体化、促进区域合作、深化国际交流等方面发挥了重要作用。同时，论坛还通过发布研究报告、举办专题研讨会等方式，为亚洲及世界的发展提供了智力支持。

③率先实行了“落地签证”政策。2000 年 10 月 31 日起，海南实行了“落地签证”政策，允许美国、日本、俄罗斯等 21 个国家的 5 人以上的旅游团，经国家旅游局批准由海南省内注册的国际旅行社组团，在海南停留不超过 15 天的，可以免办签证从海南入境。

④率先实行航权开放试验。海南在航权开放方面也一直走在前列。早在 2003 年，海南就率先进行了航权开放试验，成为中国民航第一个开放第三、四、五航权的试点省份。航权开放以来，海南的国际航线数量显著增加。得益于航权开放和国际航线的增加，海南的旅游业得到了快速发展。

⑤加强琼港、琼台、长三角、泛珠三角区域经济合作。建省办特区以来，海南借助香港和台湾在金融、科技、服务业等方面的优势，推动自身产业转型升级；同时，海南丰富的自然资源和独特的地理位置为香港和台湾提供了新的发展机遇。同时海南还加强了与长三角、泛珠三角区域的合作，促进区域内的协调发展，实现共同繁荣，进一步提升了海南的经济实力。

随着改革开放的持续深化以及全球化进程的加速推进，海南作为经济特区的独特优势日益凸显，其经济发展呈现出强劲的增长态势。

二、自由贸易试验区（港）建设

2018年4月13日，习近平总书记在庆祝海南建省办特区30周年大会上，宣布中央决定支持海南全岛建设自由贸易试验区，逐步探索、稳步推进中国特色自由贸易港建设。海南自由贸易试验区（港）的建立，表明党中央进一步深化改革开放的决心和信心。与我国前期建立的11个自由贸易试验区相比，海南自由贸易试验区是整岛试验区域，其他的自由贸易试验区局限于某一个范围；此外，党中央明确支持海南逐步探索、稳步推进海南自由贸易港建设，建立自由贸易港政策和制度体系，意味着海南比其他自由贸易试验区具有自由贸易港建设的制度体系支撑。

（一）发展目标

海南自贸试验区和自贸港建设是海南建省办特区以来深化改革的进一步发展，其发展目标分四个步骤：

到2020年，与全国同步实现全面建成小康社会目标，确保现行标准下农村贫困人口实现脱贫，贫困县全部摘帽；自由贸易试验区建设取得重要进展，国际开放度显著提高；公共服务体系更加健全，人民群众获得感明显增强；生态文明制度基本建立，生态环境质量持续保持全国一流水平。

到2025年，经济增长质量和效益显著提高；自由贸易港制度初步建立，营商环境达到国内一流水平；民主法制更加健全，治理体系和治理能力现代化水平明显提高；公共服务水平和质量达到国内先进水平，基本公共服务均等化基本实现；生态环境质量继续保持全国领先水平。

到2035年，在社会主义现代化建设上走在全国前列；自由贸易港的制度体系和运作模式更加成熟，营商环境跻身全球前列；人民生活更为宽裕，全体人民共同富裕迈出坚实步伐，优质公共服务和创新创业环境达到国际先进水平；生态环境质量和资源利用效率居于世界领先水平；现代社会治理格局基本形成，社会充满活力又和谐有序。

到本世纪中叶，率先实现社会主义现代化，形成高度市场化、法治化、国际化、现代化的制度体系，成为综合竞争力和文化影响力领先的地区，全体人民共同富裕基本实现，建成经济繁荣、社会文明、生态宜居、人民幸福的美好新海南。①

（二）取得的成就

自2018年4月海南自由贸易试验区（港）设立以来，在多个方面取得了显著的成就。

1.1+N政策体系陆续出台

“1”是指中共中央、国务院在2018年4月11日以12号文件的形式下达的《中共中央 国务院关于支持海南全面深化改革开放的指导意见》（以下简称中央12号文件）。它是海南全面深化改革开放的行动指南。“N”是以中央12号文件为基础，中央部委和海南省推动出台的一系列实施方案和文件。

在中央12号文件的基础上，《中国（海南）自由贸易试验区总体方案》《海南省机构改革实施方案》《海南省建设国际旅游消费中心的实施方案》《海南省创新驱动发展战略实施方案》《支持海南省全面深化改革开放有关财税政策的实施方案》《国家生态文明试验区（海南）实施方案》《海南热带雨林国家公园体制试点方案》《海南省建设国家重大战略服务保障区的实施方案》《海南引进人才落户实施方法》及《百万人才进海南行动计划（2018—2025）》《中国（海南）自由贸易试验区琼港澳游艇自由行实施方案》等均已出台，并得到有效推进，为海南自由贸易试验区（港）的建设提供了现实的可操作性，推动了海南自由贸易区（港）的建设。

① 中共中央办公厅、国务院办公厅：《中共中央 国务院关于支持海南全面深化改革开放的指导意见》，2018年4月11日发布。

2. 重点项目取得突破

对标习近平总书记“4·13”重要讲话、中央12号文件要求和自贸试验区总体方案，海南省委、省政府筛选出12项先导性重点项目，这12项先导重点项目进展迅速。具体成果包括：

海南自由贸易账户体系已圆满建成，并于2019年1月1日正式投入运营，实现了全岛89家网点的业务覆盖，且进出口结算业务已顺利完成。

海南特色国际贸易“单一窗口”管理制度已高标准建成，该制度在遵循全国统一标准版的基础上，进一步对标国际贸易“单一窗口”3.0版的功能建设规划和运营管理模式，并于2019年4月启用。

空域精细化管理改革持续深化，海南建成了我国首个覆盖省域的低空飞行服务保障体系，推出了一系列便利化措施，降低了通航企业的运营成本和时间成本。海南的通航企业数量增加，从原来的7家增长到数十家甚至更多。同时，通航企业数量激增，飞行器数量大增，支撑产业得到了发展。

海南岛在引进世界知名娱乐品牌方面取得积极进展，长隆集团主题乐园建设正在稳步推进，hellokitty也在三亚落户，同步开展引进多个世界著名品牌游乐园项目等。

成功举办五届海南岛国际电影节，为海南文化产业发展注入了新活力。

全球动植物种质资源引进中转基地建设正有序推进，促进了生物多样性和农业科技的发展。

国家南繁科研育种基地建设取得重要进展，中国科学院种子创新研究院及遗传与发育生物学研究所已入驻南繁科技城，为农业科技创新提供了有力支撑。

海口江东新区和三亚中央商务区的基础设施建设不断完善，两个区的营商环境不断优化。江东新区现代商贸服务产业集群已初步成形，2023年上半年，海口江东新区离岸贸易额9.2亿美元，同比增长14%，进出口总额43亿元，同比增长50%，江东新区商贸服务产业集群营业收入超 1900 亿元，在海南产业发展中起到引领作用。[①]

深海科技城和大学城的建设都在稳步推进中，配套项目的建设不断深入，海洋科技研发和人才培养也在进行中。

海南热带雨林国家公园在生态保护、基础设施建设、科研与保护、政策与管理以及社会参与等方面都取得了进展，为保护生物多样性、促进生态文明建设作出了重要贡献。

大数据中心功能得到提升，依托社会管理信息平台建设，建立了可视化的环岛立体化防控体系，实现了全天候、实时性的人流、物流、资金流进出岛信息管理。同时，省政务数据中心功能也得到了加强，全省 558 个非涉密政务信息系统已实现 100% 的系统共享和数据共享。

3. 营商环境持续优化

海南以问题为导向，深化体制机制改革与创新，取得多项制度创新亮点。为达到世界银行标准，制定《海南省优化营商环境行动计划（2018—2019 年）》，明确 40 项创新措施，推行极简审批模式。改革经验已由生态软件园等 3 个试点园区向全省园区推广，并入选 2018 年 7 月国务院办公厅通报的全国 28 项优化营商环境典型做法。

《中国（海南）自由贸易试验区商事登记管理条例》实施以来，"全岛通办" 商事登记、简化简易注销公告程序、信用修复机制、减免商事主体负面信息公示事项以及外国（地区）企业直接登记等政策，简化了企业入驻程序。与此同时，推出了其他创新成果，如扩大 "证照分离" 改革范围、实施天然橡胶 "保险 + 期货" 试点项目、推出人才租赁住房房地产信托投资基金项目以及探索博鳌超级医院共享医院新模式等。这些举措都为海南的营商环境注入了新的活力与动力。截至 2023 年 5 月 15 日，海南全省市场主体总数已达到 2955701 家，其中民营市场主体 2923145 家，占全省市场主体总数的 98.9%。这表明在自贸港建设的大背景下，市场主体数量实现了大幅度增长，民营经济得到了快速发展和壮大。

2024 年 8 月，在 "加速推进海南自贸港高质量发展" 系列专题新闻发布会上，官方公布了对 2023 年海南省营商环境建设的评价，结果显示整体发展状况良好。海南的企业生产要素保障不断加强，政务服务

① 李梦瑶：《海南营商环境整体向好》，《海南日报》2024-08-30（A01）。

质效有力提升，市场环境更加公平公正透明，企业合法权益保障持续强化，制度集成创新红利不断释放。[①]

4. 引资引才有量级增长

开展“百日大招商（项目）”活动。2018 年 5 月 20 日正式启动“百日大招商（项目）”活动，突出点对点招商，包括上门招商、定向招商、以商招商等；委托招商，引进国际专业招商代理机构实施代理招商；网上招商，通过建设网上招商平台实现项目发布、网上对接等功能。已洽谈次数超过万次，对接项目超过上千个，已签约或达成合作意向的项目超过上千个。成功引进多家知名企业和项目，如中国旅游集团、中远海运集团、招商局集团等中央企业，淡马锡、毕马威、德勤等外资企业，以及阿里巴巴、腾讯、京东等民营企业。注册资金规模较大的企业如大唐集团国际贸易总部、中免集团（海南）运营总部等已注册落地。

深入推进“百万人才进海南”行动计划。2018 年 5 月 13 日，海南省委七届四次全会审议通过《百万人才进海南行动计划》，明确了到 2020 年引进 20 万各类人才，到 2025 年实现“百万人才进海南”的目标。该行动计划围绕海南自由贸易试验区（港）的三大产业类型、10 个重点领域、12 个重点产业等，实施了人才引进、培养和使用的具体措施，包括百万人才集聚计划、大师级人才及杰出人才引进计划、千名领军人才引进计划等。截至 2020 年底，海南省全省人才总量已超过 190 万人，人才资源总量占人口总量比率达到 19.97%。这表明“百万人才进海南”行动计划的初期目标已经顺利完成。从 2018 年 4 月至 2022 年 4 月，海南省共引进人才 43.9 万人，显示出人才引进工作的持续性和有效性。引进的人才涵盖了多个领域和行业，特别是重点产业和领域的人才需求得到了有效满足。

2024 年 3 月 18 日，海南省新闻办举办了“海南自贸港政策解读”主题新闻发布会，发布了《海南自由贸易港全方位引进培养用好人才的若干政策措施》等文件，对现行人才政策进行了全方位的优化完善、提档升级。

政策保证，计划引进人才，为海南省的经济和文化发展提供了有力的保障。

① 李梦瑶：《海南营商环境整体向好》，《海南日报》，2024-08-30（A01）。

三、结　尾

随着自贸港建设的深入,海南的经济得到了进一步发展,随着自贸港建设大潮到来的是国内外的游客和投资者,他们在海南岛这个空间交汇、交流、碰撞,促进海南文化更加向多元化融合。海南引进的外籍人才以及国内优质人才在海南的文化创新方面起到推动作用。这些人才的创新思维,与海南本土文化相结合,推动了文化的新发展。

在自贸港建设的背景下,海南的传统文化得到了重视和复兴。对于海南文化基地的建设得到前所未有的扶持。海瑞文化研究、冼夫人文化研究、海南海洋文化研究等等得到前所未有的重视。海南传统文化在自贸港建设背景下得到进一步保护和传承。此外,海南还通过举办各类体育赛事、文化节庆活动,将文体旅商紧密结合,形成了独特的文化融合业态。如环海南岛国际大帆船赛、环海南岛国际公路自行车赛等,不仅推动了体育产业的发展,也带动了旅游、文化等相关产业的融合发展。

海南当代生活正在进行,一切都在不断地生成和变化中,尚未凝固成历史被封存为过去时代的记忆。正是这份未完待续的活力与变迁,赋予了海南文化独特的魅力与深度。未来的某一天,当我们回望这段时光,会发现海南当代生活的点点滴滴,无论是那些璀璨夺目的瞬间,还是平凡而真实的日常,都将汇聚成一段段珍贵的历史篇章,被后人传颂与铭记。海南的当代生活,终将以其独有的方式,成为历史长河中一颗璀璨的明珠,照亮着未来的道路。

参考文献

[1] 白玉蟾，白玉蟾集 [M]. 周伟民、唐玲玲、安华涛，点校. 海口：海南出版社，2006：12，390，826.

[2] 安华涛. 孤鹤驾天风：南宗五祖白玉蟾 [M]. 海口：海南出版社 .2008.

[3] 陈智勇. 海南海洋文化 [M]. 海口：海南出版社. 2008.

[4] 郝思德，王大新. 海南考古的回顾与展望 [J]. 考古. 2003（4）：3–11.

[5] 郝思德. 南海文物 [M]. 海口：海南出版社. 2008.

[6] 寒冬. 海南华侨华人史 [M]. 海口：海南出版社. 2008.

[7] 海口市地方史志办公室. 冼夫人研究文集 [M]. 海口：海南出版社，2009：419.

[8] 黄友贤，黄仁昌. 海南苗族研究 [M]. 海口：海南出版社. 2008.

[9] 鞠海龙. 海南华侨文化 .[M]. 海口：海南出版社. 2008.

[10] 刘昭蜀. 南海地质 [M]. 北京：科学出版社，2002：153.

[11] 李钊，李超荣，王大新. 海南的旧石器考古 [M]. 董为. 第十一届古脊椎动物学术年会论文集. 北京：海洋出版社，2008：168.

[12] 李勃. 海南岛历代建置沿革考 [M]. 海南出版社南方出版社，2008.

[13] 刘业沣. 海南史前考古取得突破性进展陵水桥山遗址是海南地区迄今方向最大的史前遗址 [N]. 中国文物报 .2014–03–28（7）.

[14] 海南省文物考古研究所. 海南东方市荣村遗址试掘简报 [J]. 考古. 2003（4）：12–24.

[15] 林红生，樊云芳. 海南著名侨乡 [M]. 海南出版社. 2008.

[16] 鲁兵. 海南特区发展史论 [M]. 海口：海南出版社. 2008.

[17] 廖怀明. 根系海南：解惑宋氏家族 [M]. 海口：海南出版社. 2008.

[18] 李启忠. 历代名人入琼诗选 [M]. 海口：海南出版社. 1993.

[19] 李一鸣，宋可玉. 妈祖信仰在海南岛的流行与传播及其当代价值 [J]. 新西部. 2017（13）：79–81.

[20]（清）明谊（修），张岳崧（纂）. 琼州府志. 海口：海南出版社，2006：1845–1846.

[21] 牛志平. 海南文化史 [M]. 海口：海南出版社. 2008.

[22] 丘刚. 海南岛史前遗址中的海洋文化特质 [J]. 南海学刊. 2015（3）：100.

[23] 阮忠. 天涯守望：苏东坡晚年的海南岁月 [M]. 海口：海南出版社. 2008.

[24] 司徒尚纪. 中国南海海洋文化 [M]. 广州：中山大学出版社.2009.

[25] 苏轼. 苏轼诗集 [M]. 北京：中华书局，1982：2246–2248.

[26] 唐启翠. 此生如痕：丘濬传 [M]. 海口：海南出版. 2008.

[27]（明）唐胄：琼台志. 海口：海南出版社 2006：149–150，551，562–563.

[28] 王翔. 棕榈之岛：清末民初美国传教士看海南 [M]. 海口：南海出版公司. 2001.

[29] 王力平. 海隅名臣：晚明王弘诲研究 [M]. 海口：海南出版社. 2008.

[30] 王辛莉. 琼属海外知名人士 [M]. 海口：海南出版社. 2008.

[31] 王秀丽.《续资治通鉴纲目》纂修二题 [J]，史学史研究. 2004（2）：46–49.

[32] 王弘诲. 天池草 [M]. 王力平，点校. 海口：海南出版社，2003：42–43，337–338，604.

[33] 王献军. 海南回族的历史与文化 [M]. 海口：海南出版社. 2008.

[34] 王学萍. 中国黎族 [M]. 北京：民族出版社 2004.

[35] 邢植朝，詹贤武. 海南民俗 [M]. 兰州：甘肃人民出版社. 2004.

[36] 徐庆全.1988 年海南建省办特区始末 [J]. 党员文摘. 2018（7）：34–35.

[37] 姚小兰，凌少军，任明迅. 海南岛和台湾岛植物多样性“反差现象”的形成机制研究 [J]. 环境生态学，2019（5）：38–42.

[38] 阎根齐. 粤东正气：海瑞 [M]. 海口：海南出版社. 2008.

[39] 阎广林. 海南岛根性文化根性研究 [M]. 北京：社会科学文献出版社，2013：80.

[40] 周伟民，唐玲玲. 海南通史：先秦至五代十国卷 [M]，北京：人民出版社，2017：50–51.

[41] 周伟民，唐玲玲. 海南通史：明代卷 [M]，北京：人民出版社，2017：374–375.

[42] 周伟民，唐玲玲. 海南通史：清代卷 [M]，北京：人民出版社，2017：431–434.

[43] 周伟民，唐玲玲. 中国与马来西亚文化交流史 [M]. 海南出版社. 2008.

[44] 张朔，于苏光. 华侨与海南社会发展 [M]. 海口：海南出版社. 2008.

[45] 朱华友. 海南华侨农场 [M]. 海口：海南出版社. 2008.

[46] 曾庆江，周泉根，陈圣燕. 海南历代贬官研究 [M]. 海口：海南出版社，2008.

[47] 郑朝波. 固守教坛：陈序经的人生之路 [M]. 海口：海南出版社. 2008.

[48] 郑朝波. 丘濬提出劳动价值论辨析 [J]. 新东方. 2015（3）：66–69.

[49] 张逢博. 马来西亚琼籍华人的妈祖信仰 [J]. 文化学刊. 2017（3）：185–189.